柔訳 釈尊の教え

第1巻

原始仏典『スッタニパータ』

伊勢白山道

電波社

人間の「因果のヒモのイメージ図」(図1)

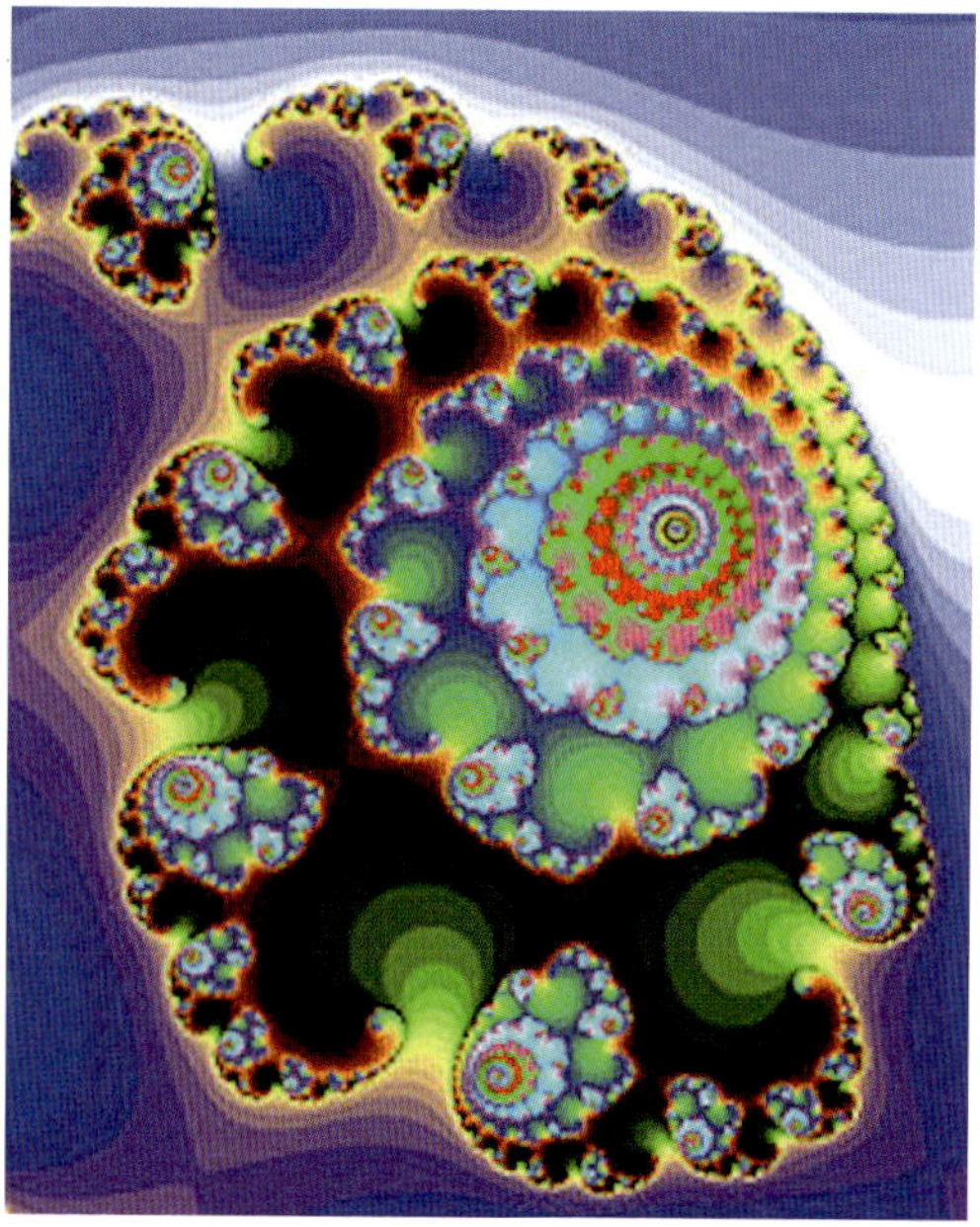

出典：ウィキメディア・コモンズ（Wikimedia Commons）
作者：Solkoll

因果のヒモを視ますと、縦横無尽に織りなされる色とりどりの織物に視えます。

それはまるで、フラクタル形象のように視えます。この図は細部です。

宇宙の成長も、海岸線も、山並み、体内の腸壁、皮膚細胞、株価、粘菌の増殖…、そして転生を繰り返す魂の因果の流れも、すべては「渦を巻きながら」継続・増殖・進化が起こっています。

因果のヒモの全体図
：それは遺伝子のらせん構造と同じ（図 2）

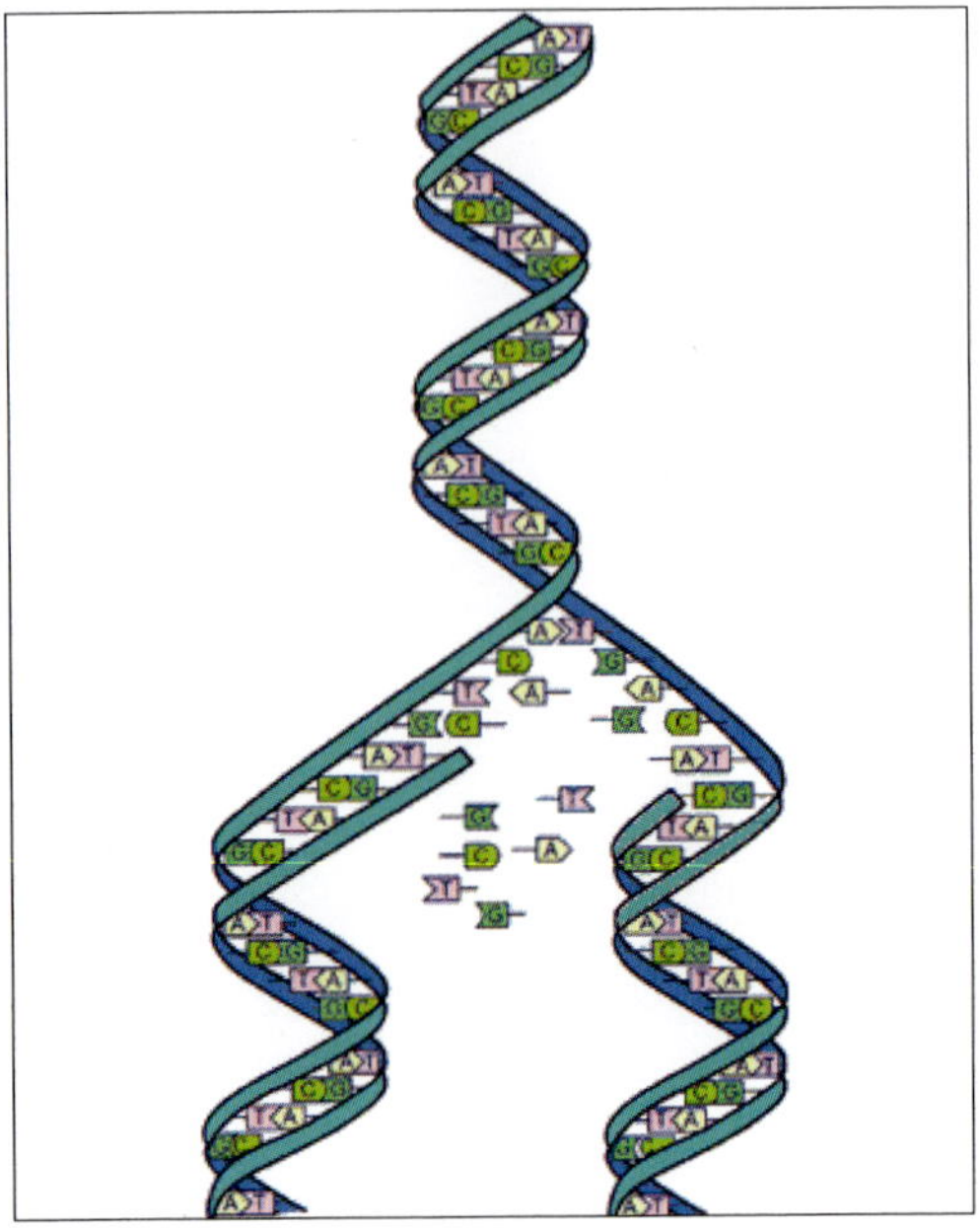

出典：ウィキメディア・コモンズ（Wikimedia Commons）
作者：US Department of Energy

因果のヒモは、遺伝子のらせん構造のように、全体で３本のヒモ（龍）の束となって、進んで行きます。この図は、２本の束ねになっていますが、霊的にはこれが３本で撚《よ》られていきます。全体の形象が、このヒモの図のイメージです。

柔訳《じゅうやく》　釈尊《しゃくそん》の教《おし》え　第《だい》1巻《かん》

（原始仏典『スッタニパータ』）

如是我聞

※にょぜがもん：私はこのように聞きました。
仏教の経典の冒頭に記される言葉。

はじめに

昨年（二〇一七年）までに、原始仏典『ダンマパダ』を私なりに柔訳させていただきました（『柔訳　釈尊の言葉』全三巻　弊社刊）。さらに、もう一つの最古の原始仏典とされます『スッタニパータ』を柔訳してご紹介したいと思います。

どちらの仏典も、釈尊の死後から百年以上も経過してから文字に残すことが始められました。それまでは、弟子間の口伝《くでん》だったのです。

だから古い仏典は必ず、「如是我聞」（にょぜがもん：私はこのように聞きました）から始まります。この「私は聞きました」とは、大半が釈尊の側にいつもいた十大弟子の一人である阿難《あなん》の言葉を指します。

つまりすべての仏典は、「阿難の言葉だった」とも言えるわけです。

釈尊と阿難の出会いは、釈尊が世間ではまだ無名の時代のことでした。

小川のほとりで、まだ幼児だった阿難が裸で村の子どもたちと遊んでいた時に、遠方から訪れた釈尊が村に入る前に沐浴《もくよく》をしようと水辺に来られました。

阿難は、その見ず知らずの若い男性が非常に背が高いことに驚き、また全身がかすかに発光していることに子どもながらに惹《ひ》かれました。男性の顔には微笑みが絶えずありましたので、怖い人ではないと思った幼い阿難は「遊んで！　遊んで！」と飛び付いて、その服を掴んで離さなかったのです。

釈尊は困ったと思いながら、服を幼児に掴ませたまま村へと入って行きました。村で働く人々に「心の生き方・活かし方」を話し終えた釈尊は、いざ村を離れようとしましたが、服を掴んだままの裸の幼児がどうしても離れてくれません。

もう村を出るから離れるように言いましても、幼児は付いて行くと言い聞きませんでした。村人に幼児の親のことを聞きますと、村に住みつく孤児だということでした。

これは困ったと思った時、釈尊は幼児の瞳に子どもの時に出会った家庭教師の先生の面影を見つけました!!　その時、釈尊の心は懐かしさを感じ、激しく動揺したのでした。

それから釈尊はある決意をして、幼児をそのまま連れて行くことを村人に請いました。

村人は、どうぞどうぞご自由にということでした。

これが釈尊と阿難の最初の出会いです。

釈尊御自身の少年時代に多くを学んだ宮廷の家庭教師だった男性との師弟関係が、ちょうど逆になったような関係でした。その家庭教師こそは、母国を離れて放浪してきた伝説の存在である「老子」だったのです……。


以上の話は、私の脳内に浮かぶ夢物語です。これから、私なりの「如是我聞」である柔訳を書き残していきたいと思います。

これは、長丁場になりそうです。『ダンマパダ』の三倍はあろうかというボリュームです。皆様に楽しんでいただければ幸いです。

よろしくお願いいたします。

伊勢白山道

柔訳　釈尊の教え　第1巻◉もくじ

第一章第一節　蛇が古い皮を脱ぎ去るように

第一章 第二節　釈尊と牛を飼う信仰者との対話

第一章 第三節 その一　まるで一本角《つの》が立つサイのように一人で歩みなさい

第一章 第三節 その二 真理を学ぶには、素直で、柔軟で、謙虚であること

第一章 第三節 その三 心は常に、中道（ほどほど）に置くこと

第一章 第三節 その四　普段の生活こそが、心の修行の場

装幀／岡 孝治

第一章第一節

蛇が古い皮を脱ぎ去るように

1　怒りのコントロールが人生を分けます

（独自の訳）
人間は、湧き起こるイラ立ちを抑えることが非常に重要です。
薬草で、蛇の毒が全身に回るのを抑えるかのように。
これができる修行者は、アノ世とかコノ世とかを
何度も流転する輪廻（りんね：生まれ変わり）を止めることが可能になります。
これはまるで蛇が古い皮をスルッと脱ぎ去るようにできます。

〔原始仏典『スッタニパータ』　第一章第一節―一番〕

（感想）
　これを逆の視点で考えますと、
※人が怒るということは、蛇の毒が全身に回るように死に至らしめるということです。自

分が怒るごとに、じわじわと寿命を削り、運気を落とし、自分の運命を変えていくことを知っておきましょう。

※怒りで起こる毒は、今回の人生だけではなくて、何度も自分が色々な苦しい世界に生まれ出る要因にもなるということです。

この項で釈尊は、

※怒りを制する者は、輪廻転生（りんねてんしょう：生まれ変わり）をも終わらせる、悟りに導く。

と明示されています。

しかもそれが蛇が脱皮するがごとく、簡単にできてしまう可能性をも示唆《しさ》しています。

つまり、人間が悟る時とは、「あれっ？」というぐらいに呆気《あっけ》なく、突然に訪れることを意味しています。

自分の怒りを「明るく」抑制する者は、人生を制し、死後をも制するということです。

ただ、怒りを制すると言いましても、無理に我慢して怒りを溜め込んでいるようではいけません。その間は、危険な蛇の毒を体内に溜め込んでいると思いましょう。しかも致死性の毒です。

人間は、会社や仕事のこと、家族のこと、知人や趣味のことで嫌なことがあれば簡単に怒っているものです。しかし、何気ないその怒りこそは、自分の運気・運命を落とす原因になることを知っておきましょう。

釈尊はさらに、自分の怒りの感情が輪廻転生をも左右することを示しています。

これは逆に言えば、怒りを持たずに感謝の心を持つ者は、人生を自由に制することが可能になり、輪廻転生をも自由にできる可能性もあります。

怒りを制する者は、悟りに至る。

これは非常に希望が持てることです。何も難しい修行や、長い瞑想や、無理に善徳を積むことを意識しないでも悟れるのです。

自分の怒りを制することが、全身全霊に非常に影響するということです。

今日からは、「簡単に怒る」「むやみにイライラする」ということをやめることから意識してみましょう。
この継続が、自分自身を真から変えていくのです。

怒りを昇華させるには、
※規則正しい生活。バランス良い食事、無理なく歩く運動、無理なくできるストレッチ。
日常生活こそが、自分の怒りを起こさない重要な因子となります。
※生活努力と、先祖への感謝を普段の中ですることが大切です。

皆様の参考にしていただければ幸いです。
実践の継続が自分に教え、先行きを導きます。

2　憎い相手と来生で出会わないためには？（前項の補足）

前項の補足として、怒りをよく持つ者が、再び転生（来生も苦しい世界に生まれ出ること）しなければいけなくなる理由を説明します。

まず人が怒るということは、

＊怒りの対象（他人）へ悪いマイナス磁気を与えて、他人に見えない傷を与えることになります（生霊《いきりょう》の意味でも）。

＊このことは、その自分が嫌いな相手との間に、霊的な貸し借りの借金を増やしていくことになります。

死後は、その借金を帳消しにするために、因果（貸し借り）を消すような組み合わせに出会う縁の者同士が自動的に組まれて生まれ出る法則が存在します。

つまり、自分が嫌いな相手ほど、再び来生でも縁ある者同士（または家族）として出会

います。

激しく憎み合って、肉体的にも傷つけ合った者同士ほど、さらに深い因縁のために近い身内、または家族・伴侶となりやすいのです。金銭も含めて、大きな貸し借りを残したまま今生を終わった者同士ほど、来生は違う形でも（下《しも》の処理を含めた介護をするなど）縁者となり転生します。

※だから、本当に嫌いな相手、二度と絶対に出会いたくない相手には、**自分は怒るべきではないのです**。再び出会わないために。

※自分が怒りますと、その人との間の貸し借りの縁が強化されていき、再び来生も出会う磁石になってしまいます。

※本当に怒るべき相手には、**逆に冷めるべきなのです**。わざわざ露骨に無視をすることも不要です。それも縁が生じます。

※**もう良いからと、その相手を逆に許す・赦《ゆる》すべきなのです。**

以上の因果の法則が完璧《かんぺき》に言えます。

イエス・キリストが、磔《はりつけ》にされて処刑されている最中、自分の手のひらに大釘を打ち込む相手に向かって、

「あなたを赦します」

と言いました。これは、来生でも二度とこういう関係の縁を生じさせないためだったのです。良い意味での最高の呪縛《じゅばく》をかけたことになります。

この因果の法則は、良い面に利用もできます。自分が成功するための大切なヒントがあります。

他人に喜ばれることをすれば、どんな縁が生じるのでしょうか?

他人を許し、祝福していけば、自分自身がどうなるのでしょうか?

非常に楽しいことになっていくのです。

これも物理法則でそう「なる」のです。

すでに決まった運命など存在しません。

自分の努力で変わります。すべては自分自身の行動の反射が、誤差なく、間違いなく、

自分に還って・返って・帰っているだけなのです。

自動反射を運命と勘違いしている人が多いです。


どんな悪因でも、今からの善因で上書き修正が死ぬまで可能です。

今日も怒らずに、「正しい意味での」許すべきことは許してみましょう。

相手を憎い間は、コノ世でも来生でもさらに近寄ることになりますから注意しましょう。

3 色情のサガ（性）は深く摘《つ》み取らないと、また生えてきます

（独自の訳）

人間が、色々な色情を根こそぎなくしてしまうということ。

これはつまり、水面に出た蓮《はす》の花を、それがつながる水中の茎から深く摘み取ったならば、その人は、コノ世とアノ世を往復する輪廻《りんね》を摘み取ります。

転生が終わります。

それはまるで蛇が古い皮をスルッと脱ぎ去るようにできます。

〔原始仏典『スッタニパータ』　第一章第一節―二番〕

（感想）

私たちがサガ・色情・恋愛で苦しんだ場合、それを止めようとか、何とかしようとするのは、その行為の表面を自制するに過ぎません。サガの表面を自制するだけでは、また色々な時に、色々な形で自分のサガが芽を出すものです。

誰もが生きる限り、色々な形でこれを繰り返しています。

問題は、その繰り返す自分のサガのために、相手から恨まれたり、不倫ならば相手の家族からの怨念《おんねん》を受けたり、または自分の家族を悲しませたりすることで、

＊自分が再び転生して、

＊一から生まれ直して、

それを償《つぐな》う「別の」人生を体験する因果の芽が生じてしまいます。

つまり、相手が必ず存在する色情のトラブルとは、輪廻転生《りんねてんしょう》を生じさせる大きな要因の一つなのです。

他人に苦しい思いをさせる「嫌な」「変な」サガを持つ限り、その人の転生は継続することになります。相手が体験した苦しい思いを、次は自分が体験する人生のパターンを生じさせます。

誰もが、「ヤッたらヤリ返す」「ヤラれれば、ヤリ返す」という転生を繰り返しているものです。だから今生で、もし自分が被害者になっても、

＊それでも、あなたを許します。

＊それでも、私は恨みません。

そして、

＊あっ！　ここで自分が恨まないことで、この被害者と加害者という繰り返すパターンを卒業できるかも知れない。もう、たくさんだ！

と思えたならば、その被害の件については嫌な因果を残さないかも知れません。それが犯罪ならば、淡々と法律に沿って対応すればよいだけです。

しかし、前記のことはすべて、表面のサガへの対応に過ぎないのです。

釈尊はこの項でさらに、
＊芽を出すサガの表面（花）だけを摘み取ってもダメだ。
＊その花が付く、茎の深部から、根っこから、花を摘み取りなさい。
＊それができた人は、コノ世とアノ世を繰り返す転生を終えることができる。
とおっしゃっています。これが難しいわけです。


では、どうすればよいのでしょうか？

❋他人を恨まない、他人に恨まれないサガの行動を意識すること。

❋でも生きていれば、他人に恨まれることは避けられないこともあります。それを上回る善行を、別の形でも良いからおこなう意識を持つこと。

❋すべての現象の表面だけを見て判断せずに、その奥にある問題を見る視点を持ち、その根本から変える視点を持つこと。

以上のようなことが、この項の示唆として浮かびます。

「表面の花だけを取らずに、その深部から取らないと、花を摘んだとは言えない」とは、深いものを感じさせます。

釈尊の教えとは、コノ世とアノ世をいかに「明るく」卒業するかに、すべての目的が集約されています。

4　そんな小さなことで満足をするな!

（独自の訳）

あちらこちらへと、色々なことに執着するワレヨシな欲望の激流を涸《か》らせることができた人。

そういう人は、コノ世とアノ世を往復する輪廻を終わらせます。

それはまるで蛇が古い皮をスルッと脱ぎ去るようにできます。

〔原始仏典『スッタニパータ』第一章第一節―三番〕

（感想）

自分だけの欲望を叶えることに執着すること。ワレヨシな願望だけを考える人。人間が持つこのような思いを、釈尊は「激流」とこの項で例えています。人間のワレヨシな欲望とは、ただの水流ではなくて、激流と表現するほど途方もないパワーを持ち、抑えがたいサガ（性）であることを意味しています。

このような激しい思いのパワーを、正しい方向に、内容に、もし変えることができた人は、輪廻（生まれ変わり）をも終わらせることになる、と示されています。

社会には、これに近い悪人正機《あくにんしょうき》の実例が多々あります。例えば、

＊暴れまくる中学生のどうしようもない不良たちばかりを集めて、体育教師がラグビー部を作った。すったもんだや、刃傷沙汰《にんじょうざた》も経ながら、そのラグビー部は大会で優勝した。そしてその時、生徒たちは真面目な学生に変わっていた。

＊激しい反抗期から十代であらゆる悪事を経験した女性が、若いうちに結婚して子ども中心の良い母親に変わった。

＊悪事を働いた人間が真から改心して、社会貢献に余生を捧げた。

激流のような激しい大きなワレヨシのサガを持つ人は、それをトコトン正しい方向に向けて枯らすことができたならば、完全なる解放（悟り、輪廻の終焉《しゅうえん》、永遠の平安）に心が安住することも可能だということです。死後の自分の魂を救うことになります。

仏教の思想には、「大欲《たいよく》を持て」という考えがあります。

＊自分だけの欲を考えるような、そんな小さな欲で、おまえは本当に満足するのか？

＊多くの人々の欲を叶えるほどの、巨大な欲を持て。

ということです。

ワレヨシの欲望などは、スケールが小さすぎてツマランということです。人は必ず死ぬという運命を思えば、コノ世で悩むこともアホらしいことに気づかねばなりません。これに真から気づければ、コノ世には感謝することしかない真理がわかります。

自分が持つ激流のサガ（悩み）があれば、それだけを何とかしたいと思うから苦しみます。

＊もっと大きな視点
＊大欲の視点
＊自分は必ず死ぬ定めであることを思い出すこと

大きな視点、全体の視点を持って生きだせば、自分が悩む内容が必ず変わっていきます。自分の執着を切断していきます。そして運命が変わるのです。

大きな悩むパワーがあれば、逆にそのパワーをうまく使えば大きな変化を起こすことが可能です。

苦しい人ほど、悩む人ほど、生きてさえいればまだまだ大丈夫なのです。
自分の活かし方がわかっていないだけなのです。

今日も、自分の「激流」を静観しましょう。
これを良い源泉に変えることが可能なのです。
そして、この激流が輪廻をも終わらせるほどのパワーを持つことを知っておきましょう。

5　高慢心が次も転生する大きな因子となります

（独自の訳）

激しい川の流れは、水際に密集して茂る葦《あし》の堤防を根こそぎ押し流します。

人間もこのように、高く茂る自分の高慢心を根こそぎ押し流すことができた人は、コノ世とアノ世を往復する輪廻を終わらせます。

それはまるで蛇が古い皮をスルッと脱ぎ去るようにできます。

〔原始仏典『スッタニパータ』　第一章第一節―四番〕

（感想）

高慢心を根こそぎ削ぎ落とした人は、強制的で嫌な条件の転生を終えることができる、と釈尊がこの項で断言されています。

釈尊の教えとは、真の仏教とは、いかにして強制的な輪廻《りんね》転生《てんしょう》を終わらせるかの方法論でもあります。その一方で、強制的な輪廻を終わらせた魂が、コノ世で転生を繰り返して苦しむ人々を救うために、菩薩《ぼさつ》として転生してくるとも明示しています。

今の社会の中にも、多くの菩薩が男女を問わず潜在されています。介護職にも、医師にも、学者にも、家庭の主婦にも、清掃人にも、お店の販売員にも、職人にも紛れて存在しています。

でも、コノ世に生まれた限りは、自分が菩薩である自覚はできないのがルールです。**すべての過去生での記憶、アノ世での「誓い」を誰もがコノ世にいる間だけは忘れています。**

もし自分の隣に、

＊思いやりのある人

＊愛情深い人

＊笑顔を絶やさない人

がおられれば、その人は菩薩かも知れません。

この項を逆の視点で読みますと、

※どんな人でも「高慢心」がある限り、その人の転生は必ず継続する、ということでもあります。

どんな職場にも、高慢心のカタマリのような男女がいます。でも、その威張る人は、そのまま次も生まれ変わり、今度は自分より強い高慢心のカタマリの先輩と出会う縁が生じ、今生で他人をイジメた分そのままのイジメを自分が体験することになります。

多くの人が、「自分がしたことを、次は自分がされる」というリピート再生を永遠に繰り返します。今生だけではなくて、来生も続けてです。

ここで、一つの考えがあります。

もし今の自分がイジメられていても、その相手を恨まずに心中で許していけばどうなるのか？　ということです。色々な嫌な体験を自分がするごとに、そのたびに相手を気にせずに許し、**流していくのです。**

そうしますと、その嫌な相手と来世で再会する縁は生じません。さらには、嫌な相手を許すことは、自分の善徳貯金として加算されています。

自分の善徳貯金は、自分が行くアノ世の環境と、次の転生時に生まれる際の環境条件の良し悪しを自動的に「決めて」いきます。

人類の大きなテーマに、自分が生まれ出る家庭・肉体条件・幸運に大きな差があることは不公平だと考える人がいます。しかしこれは、霊的には「完全に公平」なのです。自分の自業自得《じごうじとく》が反映しているのに過ぎません。

良いおこないをしましても、悪行を重ねた魂と同じ条件の人生に生まれ出ることのほうが非常に不公平なことです。

今生で多くの縁ある故人を供養した人も、それが善徳となり、来生は自分が癒《い》やされる環境への転生が強制的に示現《じげん》します。

この因果の法則は、コノ世で重力を避けることができないことと同様に、完璧《かんぺき》に間違いなく完全に公平に反映されます。

自分の良心（内在神）が、コノ世でのすべての自分の行動と思いを今も公平に記録しています。どんな悪人でも、その人の良心は正しいことを知っています。悪人は、死後に自分自身の良心・内在神から裁判を受けることになります。

誰もが厳正なる裁判官・閻魔大王《えんまだいおう》と共に、良心という気持ちで同居している最中が今です。

まず自分の、

＊高慢心をなくすように。

＊高慢心を持たないように。

意識して生活してみましょう。

これが自分の来生、転生条件を決めていくという、釈尊の教えでした。

6　花は外見に咲かせずに、心の内に咲かせるもの

（独自の訳）

果実が美味しいイチジク（無花果）の木には、

花（性器の花の誘惑。自我の欲望の象徴）が

表立って咲くことはありません。
何度も生々流転《せいせいるてん》を繰り返す生まれ変わり（転生）を経験しましても、
どの人生におきましても、頑固な執着を持たずに終えることができた人は、
それはまるでイチジクの木のようであり、
コノ世とアノ世を往復する輪廻を終わらせます。
それはまるで蛇が古い皮をスルッと脱ぎ去るようにできます。

［原始仏典『スッタニパータ』第一章第一節―五番］

（感想）

輪廻転生について、非常に重要なことを釈尊が示唆されています。
※一回の人生だけで執着・ワレヨシな自我をなくすことに成功しても、転生は終わらない。
※幾多の人生を繰り返しても、毎回の人生で執着をなくすことに成功して初めて、その人の魂はスルッと転生を終わらせることができる。
ということなのです。

この項で大切なことは、イチジクの木とは表面に花が咲かない果樹だということです。「無花果」と書くとおりに、花が見えないまま果実が育ち始め、花はその果実の真ん中に隠れているということです。

釈尊がわざわざ「イチジク」を説明に使うのは、とても深い意味があるからだとわかります。しかも熟れたイチジクとは、極上の美味しさを持ちます。

「見せる」花を表に出さずに、内に秘めたまま実になるのがイチジクということです。

これはまるで、成熟した美しい女性が、自分の美しさを外からわからないようにして暮らし、清潔な人生を送るようなことかも知れません。不特定な相手との欲望にまみれた生活をしません。控えめに秘めた人の美しさには、男女を問わず大きな魅力があります。

「どの人生におきましても、頑固な執着を持たずに終えること」

つまり、とにかく釈尊の教えとは、華やかな社会、他人の豪華な人生を見る中におきましても、何事にも執着（ワレヨシの欲望）しないことが目標です。

人は、**嫌な執着さえ起こさなければ、苦しい人生も、転生も終わらせることができると**

いうことが仏教の真髄なのです。

コノ世は、他人の良い生活ばかりが目立つように構成されています。これも解脱（げだつ：輪廻転生を終わらせること）をするための、神様が用意した仕組みだと言えそうです。

つまり、何度も栄華を求める人生を体験させた上で、**それでも真の幸福・心の安心が「得られないこと」を**魂にとことん、何度でも、いくつもの人生をかけて思い知らせるのです。

そして、その仕組みにも惑わされずに目が覚めて、逆に、

＊自分の中に花を咲かせること。

＊花は、外に向けて咲かせないこと。

を真から自分の中に体現した魂は、苦しい転生の終焉に至るということです。永遠の至福の中に安住することになります。

それは、コノ世のどんな快楽よりも十倍増しの世界です。

自分なりの花を、外に向けて咲かすことに執着せずに、自分の心の中に花を咲かせましょう。

今日の生活の中でも、他人の視線のために無理をすることから離れてみましょう。
そして、自分の心を安心させることを、何よりも優先することです。そのためには、真面目に良心に沿った生活努力をすることが必須です。

7 心の中でも、怒りを絶対に持たないことが必須条件

（独自の訳）
心の内に、どんなことにも怒りを持たないことを、
コノ世でもアノ世でも実行できた人（魂）が、
コノ世とアノ世を往復する輪廻を終わらせます。
それはまるで蛇が古い皮をスルッと脱ぎ去るようにできます。

［原始仏典『スッタニパータ』第一章第一節―六番］

（感想）

この項は、言語を訳すだけの仏教学者と霊的世界がわかる人とでは、翻訳・解釈が変わることでしょう。特に二行目の「コノ世でもアノ世でも実行できた人（魂）が」、ここが大きく変わると思います。

釈尊の視点は、人のいくつもの転生を観た上での発言が前提なのです。だから、魂の転生の流れがわからない、転生に半信半疑の人が、言語的に翻訳するのは無理が生じます。

この項は、霊界の真相と転生について、非常に重要な指摘が釈尊によりなされています。

つまり、

※外面だけ怒らないだけではダメなのです。

※心の内でも、どんなことにも怒りを持たないことが、転生（生まれ変わり）を止めるのです。

さらには二行目で、

※アノ世でも、自分の魂が怒らないことが、転生を止めるための条件なのです。

※コノ世とアノ世の両方の世界で、自分の魂が心の内に怒りを持たないことを実践できてこそ、輪廻は止まる。
ということです。


コノ世では、他人に対して実際に怒らないだけでも、なかなかの修行です。さらには、心の中でも、他人を罵倒《ばとう》したり怒ったりしてはダメなのです。

しかし、これだけではまだダメなのです。アノ世でも怒りを持たない心境を実現した魂になることが条件なのです。

しかも一回のコノ世とアノ世の往復で実現しても、まだダメなのです。何回もの輪廻転生において、コノ世でもアノ世でも絶対に心中でも外面でも怒りを持たない心境を実現してこそ、初めて転生が停止する可能性に至るということです。

非常に気が遠くなるような人生の旅の繰り返しが、解脱には必要なのです。

アノ世でも怒りを持つ迷いの魂はいます。地獄では、怒れる魂ばかりが引き合い、お互いに罵倒と殺し合いを永遠に繰り返しています。

せっかく霊界にいる魂でも、子孫の行状(犯罪・不倫・他人への迷惑……)を観て怒り、下方の世界に落ちる先祖もいます。子孫のために確信犯となり、霊界から落ちます。この場合、「何回かは」生きる子孫への・子孫が関わる他人への、実践的な力の干渉を働きます。そして、コノ世に干渉した罪により捕捉されて、下方世界に幽閉されます。これを救い出すのが、正しく感謝の供養をする子孫からの先祖供養です。

でもコノ世では、相手のためを思えば、危険を防止するために他人を怒ることも必要です。愛情があれば、外面では怒ってもよいです。

しかし、どんな条件・場面でも、心の中には絶対に怒りを持たないことが大切なのです。

家族のためには、怒ることも必要ですが、心中では絶対に怒らない・怒りを持たない修行を今日から心がけてみましょう。これが自分自身の次の転生条件を改善させ、さらには転生を外れて永遠の幸福感の海へと自分の心を誘導する可能性があるということです。

まず、今日一日だけでも「心中では」絶対に怒りと不満を持たない挑戦をしてみましょう。

8 怒りを自分自身を変えるパワーに変換する方法（前項の補足）

前項（第一章第一節―六番）に対して多くの方々がブログのコメント欄で、

＊怒りを鎮めるのは非常に難しい。自分には無理かも知れない。

＊ましてや心中でも怒らないなどとは、まず不可能に近い。

という感想を漏らされているのを読みまして、私も改めて気づくことがありました。

実は正直に申しまして、私には「怒り」をコントロールすることは難しいことではないのです。仕事でも危険な点や怒るべきことは厳しく注意しますが、内心まで怒ることはまずないです。だから、怒りが収まらない人との違いは何かを自己分析しますと、

一、他人への愛情の有無、深さ。

二、慈悲心（情け心）の有無、大きさ。

三、相手の立場になって観る、考えること。

四、思いやり力。

五、人間のどうしようもないサガ・性への理解。
六、**それも仕方がない**、と明るく思えること。
この六つが、常に自分の忘れない視点になっています。


人が観音様に進化しますと、怒ることはありません。

どんな理不尽《りふじん》な他人でも、その人の生い立ちや今の環境を瞬時に考えますと、ただ怒りに巻かれることはありません。


可愛い幼児が手をグルグル回して自分に怒ってきましても、それに対して怒る大人はまずいません。なぜでしょうか?

やはり、**相手への愛情の有無が「怒り」を分けるのです。**

魂の視点では、相手が大人でも同じなのです。でも、病んだ大人ならば、幼児にも真剣に反撃するかも知れません。これではいけないのです。

ただこれは、無理に変な他人に愛情を持て、ということではありません。

「怒り」とは、自分でも制御ができないほどのパワーを持ちます。これを逆に自分の進化に利用ができるのです。古来から覚醒を目指す人間は、「性欲」を制御することを意識の拡大のための手段に転換してきました。これはヨガなどにも言えます。

これと同じで「怒り」も、コントロールができた先には、観音様への進化が起こります。まさに第一章第一節―六番の内容のとおりに「人としての」輪廻は終わり、自分自身を観音様へと進化させ、そして新たな道が始まります。

誰もが、これから観音様へと進化が始まります。

二十一世紀は、人間が観音様へと進化する過程でもあります。これが果たせない限り、人類は消えることでしょう。今の紛争を繰り返す世界のように、怒りに対して怒りで対抗しても増幅《ぞうふく》するだけで決して収まりません。

そこで瞬間的に、**「相手の立場からの視点を考えること」**が重要です。そうしますと、誤解している点や、冷静になれる視点に自分が気づけます。

この話で私が言いたかったのは、「怒り」とは途方もないパワーを持つから、これを利用しないともったいないということです。

自分自身を変えるパワーに転換ができます。

釈尊が言われる「怒りを持たない者は、転生が終わる」とは真実です。人間としての輪廻が終わり、人から観音様への進化をするのです。

誰もが、それぞれの個性の観音様になれます。

9 「無思考は最強」伝説

（独自の訳）

ああだ、こうだと湧き上がる自分の思考を完全に停止させて、

何があっても心中が安静なままを維持すること。

何も考えない無思考を実現させた者は、

コノ世とアノ世を往復する輪廻を終わらせます。
それはまるで蛇が古い皮をスルッと脱ぎ去るようにできます。

〔原始仏典『スッタニパータ』 第一章第一節―七番〕

（感想）

人間は黙っていましても、心中では色々な独り言を発しています。それはもう絶え間なくて、怒り、誰かへの罵倒、異性と性交する妄想、物欲の妄想、食欲を満たす計画、何かの心配……、人は様々な心の声を発しているものです。満員電車では誰もが無言でありましても、心中の声が充満しています。

この心中の独り言を、精神が病んで自制が利かなくなった人は、最初はブツブツと小声で口に出して言い始め、これがひどくなりますと他人に聞こえるように発声するようにもなってしまいます。

人間は、自分の心中の声を自制することを意識しなければ、心の弱さに比例して独り言を暴走させてしまうことがあります。暴走する独り言とは、非常に厄介なものです。この独り言が、他人を実際に傷つける命令を発するということも有り得るのです。

そして実際に実行してしまいますと、それが因果・因縁となり、それを償うための転生が強制されます。いつまで経っても、転生《てんしょう》（生まれ変わり）が終わることがありません。

また、「心中での独り言＝意識の力の漏電中＝霊体の弱体化＝体調や運気の低下」という関係が言えます。

赤子は心中での独り言がない存在です。だから生命力があふれています。それが成長に伴《ともな》って、自我（ワレヨシな心）の発生と共に心の声を生じ始めます。

だから大人でありましても、
＊何も考えない練習
＊思考を止める練習
＊目の前の物事に集中する。
これを「気づけば」繰り返していきますと、病気の改善や運気が増すことが起こり始めます。

ロシアの神秘家グルジェフは、さらに興味深い発言を残しており、「無思考＝時間を止める」と、無思考で狩猟に集中して時間の経過を超えた野ウサギ猟師の例を出して述べています。

※自我（ワレヨシな心）の増大＝生命力の時間経過を促進させる＝老化が進む＝色々な因果の束縛を受けて、コノ世で思い通りにならない。
※無思考＝生命としての時間経過を緩《ゆる》やかにさせる＝心身が若い＝コノ世で現実に自分の希望を何でも操作が可能になり始める。

つまり、人間の無思考とは、ロボットではなくて「カンナガラ」（神人一体の境地）をコノ世で実現させます。

さらに釈尊は、
※無思考＝解脱《げだつ》（繰り返し生まれ直す**「強制の」**転生を止める）

という魂の最終ゴールをこの項で示唆されています。

誰もが生活の中で、**目的や悩みへの用意周到な「努力」と、シミュレーション（想定）をしたならば、**

＊その上で、無思考を心がけること。

＊心中の声を暴走させないこと。

を知っておいてください。

これは、人生を今からでも変えていきます。

10　新規の今をがんばることが、来生も創造中（ｉｎｇ）なのです

（独自の訳）

人生を捨てるように生き急がないこと。

または、人生をムダに怠惰《たいだ》に過ごさないこと。

このように、すべての転生を中道（ちゅうどう：真ん中）に生きた人は、コノ世とアノ世を往復する輪廻を終わらせます。
それはまるで蛇が古い皮をスルッと脱ぎ去るようにできます。

〔原始仏典『スッタニパータ』第一章第一節―八番〕

（感想）

若者が「俺の人生なんて」という感じで、バイクで危険な走りを繰り返したり、「私なんていてもいなくても一緒」という感じで、飲酒・喫煙・薬物もしながら異性との乱れた交際を繰り返したり。このように貴重な人生を「捨てるように生き急ぐ」こと。

老人でも、「早く死にたい」と日々の貴重な残りの人生時間を捨てていること。

または、何もせずに文句と不満ばかり思いながら、家族に寄生したゲーム三昧《ざんまい》の生活をすること。ろくに仕事もせずに、パチンコや賭け事ばかりして遊んで暮らすこと。

この項で釈尊は、

「人生を過ごす気持ちは、早すぎても、遅すぎてもダメだ」とおっしゃっています。人生を生き急がず、また怠惰にして遅れもせず、ほどほどの良いバランス感覚で生きるべきだとします。

ただ、一回の人生だけを中道（ほどほどなバランス）で生きましても、転生は終わらないのです。何回も何回も生まれ直しましても、中道で生きる人生を成し遂げた人が、コノ世に「強制的に生まれ出ること」を止めることが可能になるのです。

コノ世の大半の人は、**自分が過去生でしたことの、逆の立場を経験するために**、コノ世に強制的に生まれ落ちているのが真相です。宇宙が動く因果の法則とは、今も完璧に起動しています。

だから、コノ世で自分が経験するすべてに、

＊一切のムダがないこと。

＊偶然はないこと。

を知っておいてください。

これを深く理解したならば、思い知ったならば、その人の人生の生き方が変わります。

ムダに怒ることも、心配することも、なくなっていくのです。

すべては、良いことも、悪いことも、**自分の過去生の逆の立場を経験するために、出現してくれている**のが宇宙の真相なのです。


別に自分が悪い、あの人が悪いも関係ないのです。

今生も**新規で**悪事をおこなえば、それが原因（因果）となり、来生も強制的に「どこかの世界に」生まれ落ちて、自分が「逆の立場」を経験することに完璧になるのです。

今生で善行をしますと、もし転生すれば、それを今度は「自分が受け取ることに」百パーセントなります。


だからコノ世で異常な幸運に恵まれる人は、それは偶然ではなく、過去生の自分がしたことを「**受け取っているだけ**」のことです。

今のこの瞬間も、新規で
＊死後の自分の行くべき環境

＊来生の自分が受け取る「条件」を誰もが創造中であることを忘れてはいけません。

過去生ばかりを気にしてもムダであり、今も来生の「条件」を構築中（ｉｎｇ）であることを忘れないでください。

今の生活が豪華で優雅でも、来生は貧乏で苦しい人生を「自分で設定中（ｉｎｇ）」の生き方をする嫌味な金持ちが今の日本には多いです。

それは、本当は気の毒な人です。感謝の気持ち・思いやり・愛情のない金持ちは、来生で逆の立場を構築中（ｉｎｇ）の人に過ぎません。

だから、安心してください。

嫌な他人を見ても、影響を受ける必要はありません。うらやましい他人を見ても、自分が落ち込むことは不要です。すべては、転生（生まれ変わり）をまたいだ「完璧な自業自得」が**流れているだけなのです。**

今日も新規の今を、来生を、創造していきましょう。

11　消え行くものに対しても一生懸命な姿が美しい

（独自の訳）

コノ世のモノの一切が幻想であることを深く自分で理解していること。

それでも、

人生を捨てるように生き急がない人。

人生をムダに怠惰に過ごさない人。

このような人は、コノ世とアノ世を往復する輪廻を終わらせます。

それはまるで蛇が古い皮をスルッと脱ぎ去るようにできます。

［原始仏典『スッタニパータ』　第一章第一節―九番］

（感想）

※幻想だとわかっていても、一生懸命に、丁寧に、生きることが大切。

と釈尊は示されます。

コノ世では、小学生の頃などは「勉強なんか、何のためにするのかわからない」、社会人でも「安月給なのに、一生懸命に働いたって同じさ」、家庭の主婦でも「この退屈な生活の繰り返しだけで、人生が終わるのは嫌だな」などなどと、人間は思いがちなものです。

でも釈尊は、

※することは何だっていい。ただ、**それがダメだからと言って、ツマラナイものだからと言って、**手を抜いたり、簡単に捨ててしまうようではダメだ。

※「コノ世は幻想だから、がんばらなくてもいい。何だっていい」ではいけないのです。

※大切なことは、幻想にも何に対してでも一生懸命にすること。

※ただし、すべては幻想だから、最高の努力はするが、**その結果には執着はしない。**

という示唆をされていると感じます。

せっかく最高の努力をするのに、その結果には執着しないとは、皆様はどう思われるでしょうか？

でも、日本の職人さんは、昔からこれを実現していたと感じます。自分なりの最高の最善の仕事を、誰に言われなくても尽くすが、名誉を求めない無欲さを職人気質《かたぎ》に思います。

外国では、「安かろう悪かろう」は当然の当たり前、値段に応じたサービスは公平なことであり仕方がない、という解釈がされがちです。でも日本では、「安かろう悪かろう」は恥ずかしい、安くても良いものを目指すという気質が昭和までは完全にありました。

今でも日本の観光サービス業が外国人に高く評価されますが、安い月給でも現場でがんばるサービス業の社員が多いからだと思います。


よくよく考えてみますと、誰もが必ず死ぬのに、喜怒哀楽をしながら懸命に何とかがんばって生きています。この理《ことわり》を見ましても、人間は誰もが保証がない中を懸命に生きてきました。

しかし、人はどうしても自分ががんばったことに過剰な執着をするために、輪廻《りんね》（生まれ変わり。ヤッたらヤラれる世界）の繰り返しが止まらないままなのです。

どんな生活も、今生の自分の努力と因果の集積の上でのことです。その生活を一生懸命にするが、何事にも執着はしない。

この継続が輪廻を止め、永遠の心の平安の世界へと導くということです。

12　舞台では最後まで懸命に演じ切ること

（独自の訳）

コノ世のモノの一切が幻想であることを深く自分で理解しており、
その中で、他人を押し退《の》けてでもという自我（ワレヨシの心）から離れている人。
なおかつ、
人生を捨てるように生き急がない人。
人生をムダに怠惰に過ごさない人。
このような人は、コノ世とアノ世を往復する輪廻を終わらせます。
それはまるで蛇が古い皮をスルッと脱ぎ去るようにできます。

［原始仏典『スッタニパータ』　第一章第一節——十番］

（感想）

ある悩みで自殺をしてしまう人とは、映画を鑑賞しましても、その映画の中に入り込んでしまう人かも知れません。ハラハラドキドキと真剣に映画の中に入り込んで、自分も疑似体験をしやすい人だとも言えそうです。

特に子どもなどは、テレビのアニメを微動だにしないで見ているものです。でも、冷静な大人は、それは映画だから、テレビだから、アニメだから、と冷静に見ることが可能です。

釈尊は、このリアルな人生でさえも、

＊どんな人生も、自分の因果が放射して映し出す映像なんだよ。

＊しかも、大勢の他人と同時に同じ映像を見ることが可能な幻想なんだよ（まさに映画館）。

としています。

さらには、その作られた映像・幻想を見せられて、どんな窮地に陥《おちい》りましても、どんな誘惑（ワナ）に遭いましても、

＊他人を押し退けてでも、という自我の欲望に負けない人であるべきだとします。

では、所詮《しょせん》は作られた映画であるのがコノ世の真相ならば、もう真面目に生きることや、努力することもアホらしい……、これでは釈尊はダメだとおっしゃっています。

コノ世が映画（幻想）であると認識をしながら、それでも真面目に、懸命に生きることが大事。これをすることが強制的で「嫌な苦しい」転生を止める、と示されています。

たとえ映画の映像の中に自分がいるとわかっていましても、

＊一生懸命に生きなさい。

＊真面目に最後まで演じ切りなさい。

ということです。

母親ならば、母親の役が嫌になりましても、コノ世の幻想（誘惑）に騙《だま》されずに最後まで演じ切りなさい。サラリーマンならば、コノ世が幻想だとしても、最後まで懸命に右往左往しながら勤め切りなさい。学生ならば、勉強などアホらしく思えても、それもゲーム

（幻想）の中のルールだから、卒業するまで思いっ切り勉強しなさい。

そうした先に、幻想の中でもやり遂げた先に、初めてわかる新たな境地があるということです。


コノ世は、「ヤッたら、ヤラれる」という遠い過去からの因果が、完璧に創り出す・映し出す舞台（幻想）です。その中に、全員が役者として誕生しています。

同じ舞台（コノ世）に立つ者同士は、本当は憎しみ合うことはないはずです。

でも私たちは、今の舞台こそすべて、公演が終わって幕が閉じた先（死後）はないと思い込んで、必死に悩み苦しんでいます。


映画（コノ世全体）の中に入り込みすぎて、自殺などしてはいけません。

そうではなくて、**ダメな時は、ダメな役を思いっ切り演じ切りましょう。**

自分の演技（生活行動）を冷静に見ながら、幕が閉じる（寿命）までがんばって生きれば、それが最高の舞台となります。

今日も自分の役を、良心に基づいてがんばりましょう。

13　ワレヨシな性欲はダメ

（独自の訳）
コノ世のモノの一切が幻想であることを深く自分で理解しており、
そして、ワレヨシな色情・性欲から遠く離れることができた人。
なおかつ、
人生を捨てるように生き急がない人。
人生をムダに怠惰に過ごさない人。
このような人は、コノ世とアノ世を往復する輪廻を終わらせます。
それはまるで蛇が古い皮をスルッと脱ぎ去るようにできます。

［原始仏典『スッタニパータ』　第一章第一節――十一番］

（感想）

色情・性欲には色々な種類と段階がありますが、このような仏典の解釈となりますと、性欲の内容を問わず、「一切の性欲を滅《めっ》することが条件」と単純に解釈されてきました。

はたして、この解釈が健康な肉体の生理現象に叶うものなのでしょうか？

「性欲を滅することが条件」と聞かされますと、多くの人は「ああ、私には無理だな」と思ってしまうのではないでしょうか？（笑）

健康な人間に旺盛にある性欲を「なくしなさい」と、釈尊は本当に言われたのでしょうか？

ちなみに、仏典が成立した頃の古代インドでは、「カーマ・スートラ」（四世紀〜五世紀に成立）という性交・性技に関する緻密な研究事典が編纂《へんさん》されています。仏教が広がりつつある古代インドにおいて、並行して人間の性交が研究されていたわけです。現代の風俗にも引けを取らないほど赤裸々《せきらら》に性交を研究し尽くしています。

これは仏教以前から存在します、ヒンズー教の宇宙観から出た性交への思想ですが、いまだにインドのヒンズー教寺院で引き継がれています。仏教の仏典を編集する時にも、当時のインドの思想として影響しています。

私は、この釈尊の言葉を「ワレヨシな自我からの色情・性欲をなくしなさい」と解釈します。ワレヨシな性欲とは、

＊異性に対して攻撃的な、

＊自分だけが果てることを目的とした、

＊相手に思いやりのない性欲。

を意味します。

子孫を残すためには、健康体ならば性欲があることは当然なのです。釈尊は、これを否定するような「性欲を消しなさい」とは決して言われていないと感じます。釈尊の教えは、厳格に守れば子孫が絶え、人類が消滅するようなものでは決してないのです。

つまり、「性欲にも種類がある」ということを知っておいてください。

歳をとりますと、ホルモンバランスの影響から「性欲」がなくなる人はいます。「枯れて

いく」のは自然なことです。でも、自分の生活ストレスから他人を攻撃したい「色情」が、逆に大きくなる人もいると思います。言葉による性的ハラスメントや、性器を見せるだけの迷惑行為、道具で異性を性的にいたぶる色情欲、このような間違った性欲は厳禁であり、戒《いまし》めるべきです。

とにかく、**「ワレヨシな自我からの色情・色欲はダメだ」**ということを知っておいてください。その魂の転生にも影響するサガ（性）だということです。

14 憎むことをやめるだけで、大きな改善に向かいます

（独自の訳）

コノ世のモノの一切が幻想であることを深く自分で理解しており、

そして、他人や社会の物事を「憎むこと」から遠く離れることができた人。

なおかつ、

人生を捨てるように生き急がない人。

人生をムダに怠惰に過ごさない人。
このような人は、コノ世とアノ世を往復する輪廻を終わらせます。
それはまるで蛇が古い皮をスルッと脱ぎ去るようにできます。

〔原始仏典『スッタニパータ』 第一章第一節―十二番〕

（感想）

自分が、

＊他人を憎む間は、

＊社会の物事（制度・組織・環境・国……）を憎悪する心境の間は、

＊転生は止まらない。

と釈尊が言われています。

釈尊が言われるには、

＊コノ世のすべては、「自分がしたことは、転生してでも自分が受ける」という繰り返し

の「幻想」が現れているだけである。
※だから自分が何かを憎む間は、**その来生にも自分が憎んだ対象との「縁」が生じるために**、再びコノ世に違う立場で生まれ直さなければいけない。

とされています。

だから再び、強制的に嫌な環境に生まれ直すこと、強制的に来世でもあの嫌な他人との縁が生じることを避けるためには、

＊コノ世の一切の物事を「憎まない」心境でいることが**必須条件**。

だと、この項で言われています。人間には色々な感情がありますが、その中でも「憎む」という感情は、強く来生への転生に影響を残すということです。

来世に自分が苦しい環境に生まれ直すことを思いますと、

＊今生で他人を「一切憎まない」こと。
＊嫌な他人には、自分の感情を「いちいち怒りで起こさない」こと。

これを自分で誓うことのほうが、どれほど自分の魂には有利なことか計り知れません。
来世の環境にまで影響する重大事に、「憎まないこと」が入っていることを覚えておい

てください。このために釈尊が、わざわざこの一項を残しているわけです。

今の世界情勢を見ましても、「殺《や》ったら殺られる」という憎しみの連鎖が止まっていません。紛争もテロも繰り返されています。先進国である大国でさえも、「殺られたら容赦はしない」と宣言して核ミサイルを千発以上も維持しています。まだまだ釈尊が言われます心境には、人類はほど遠いです。

だからこそ、とにかく殺されないように自己防衛をしながら、それでも個人からは「憎まない心境」を心がけることが大切に思います。一人ひとりが他人を憎まない心境を完成させていけば、繰り返す悪い因果の車輪は止まり始めます。

まずは、自分の家庭から家族を憎まない、という心境を完成させなければ始まりません。

皆様は、これができているでしょうか？（笑）

老子いわく、「弱は強に勝つ。小は大を制する」。

自分の小さな出来事から、「憎まない」という実行は、宇宙全体を変えるかも知れません。

子ども同士がお菓子を取り合う憎しみを解決することと、大国同士が領土を取り合う戦争を解決することに、霊的には差異があるのでしょうか？

実は、これは同等な大変なことなのです。

つまり、「その中では」どちらも最大の問題なわけです。これは量子力学の視点からも完全に言えます。

だから、今日からの自分は、「他を憎まない」という実践をいたしましょう。これがいつの間にか、本当に宇宙を変えてしまうのです。

15　自分の妄想をアンパ〜〜ンチ！　すること

（独自の訳）

コノ世のモノの一切が幻想であることを深く自分で理解しており、

そして、他人や社会への無知から来る被害妄想・思い込みから遠く離れることができた人。

なおかつ、

人生を捨てるように生き急がない人。

人生をムダに怠惰に過ごさない人。

このような人は、コノ世とアノ世を往復する輪廻を終わらせます。

それはまるで蛇が古い皮をスルッと脱ぎ去るようにできます。


［原始仏典『スッタニパータ』　第一章第一節―十三番］

（感想）

今の社会でも、色々な被害妄想に駆られて悩む人が後を絶ちません。その中でも、＊自分の悪口を言われている。自分は嫌われている。

と自分自身で思い込んで悩むことや妄想パターンが、一番多いかも知れません。


他人とは、無責任に何でも言うものです。そして、言ったことの自覚もなしに、**すぐに忘れていきます。**しかも、それは言う側の人のストレスから悪口を言っているだけであり、悪口を言われる人の問題ではないケースも多いと思います。

しかし、悪口を言われた側の人間は、言われたことを決して忘れません。毎日のように、日に何度も言われたことを思い出すものです。

つまり、初めに悪口を言った人間は忘れている。言われた側の人間は、毎日思い出す。このズレがあるために、その後の関係修復が難しくなっていくものです。

言われた側の人間は毎日思い出しますから、しまいには「毎日悪口を言われている」という被害妄想が発生してしまう人がいます。

しかし現実には、悪口を言った人間はとっくに忘れており、その後には悪口は言っていないことが多いのです。このズレと勘違いが、大きな悲劇を起こす場合も社会ではあるかも知れません。

言えますことは、

※その悪口の真偽・事実関係などに執着してはいけません。

※問題なのは、自分が言われた被害者であっても、自分の心を毎日傷つけているのは自分自身だということです。

※悪口を、自分の心（内在神）にまで「届かせてしまっている」のは自分自身なのです。

だから大切なことは、

※他人からの悪口を、**自分の心にまで響かせてはいけません。**

霊的には、その悪口の善悪・真偽などは重要ではありません。

それを、自分の本心（内在神）にまで届けることは、心奥に献上することは、捧げることは、内在神に無礼なことになります。

ここで思い出しますのは、江戸期の神人と評された黒住宗忠《くろずみむねただ》さん（天照太御神《あまてらすおほみかみ》への熱愛一本やりで覚醒し、後年に皇室から神社の御祭神として人物が認可されるほどの神ワザを困る人々を助けるために発揮した神主）のことです。

神主の毎日の勤めとして、早朝にたくさんの御宮を参拝して回る時に、近道をしたいがために崩れかかった橋をあえて使用し、渡り終えた際に自分の「心」が非常にドキドキとしました。この時自分の心に内在する神様を危険にさらした大罪に気づき、その場に黒住さんは泣き崩れたそうです。私はこのエピソードが好きです。

それほど、誰の心にも内在する神様を大切にするべきなのが霊的な真実なのです。近代インドの最高の聖者ラマナ・マハルシも、どんな人の右胸（中央から右側三センチ）にも宇宙の最高神が宿っており、それを貶《おとし》めるのも、最高神にするのも、今に生きている人間の心がけ次第だと断言しています。

人類に共通する真理なのです。

だから他人の悪口ごときを、自分の心に響かせてはいけないのです。自分の本心（良心・内在神）に対して非常に失礼です。

自分の良心（内在神）を大切に育てる人間が、コノ世でも幸運を与えられます。心身・環境ともに自由になれます。アノ世ではさらに良い世界に導かれます。

ここで釈尊の言葉に戻りますが、この話で大切なことは、

＊コノ世の嫌なことは放っておきなさい。

＊嫌なことに対して、妄想や執着など絶対にするな！

＊とにかく何でもいいから、すべての嫌な妄想を捨てなさい、やめなさい。

＊その妄想の善悪などは、真偽などは、どうでも良いのだ！　関係ないんだ。
ということになります。

今日も現実の会話・行為・行動だけを直視して、一切の妄想を停止することです。
そして、自分の良心を大切に大切に守りましょう。
この継続は、自分の心身を変えていきます。

16　魂の自動学習機能は、善にも悪にも振れます

（独自の訳）
自分自身に長く潜在的に潜んでいる
悪いサガ（性・思いの癖・ワレヨシ……）の「思い」が消え去り、
悪い「行為」が根本的に抜き取るようにおこなわれなくなったならば、
このような人は、コノ世とアノ世を往復する輪廻を終わらせます。

それはまるで蛇が古い皮をスルッと脱ぎ去るようにできます。

〔原始仏典『スッタニパータ』　第一章第一節―十四番〕

（感想）

この項にあります、「悪いサガ（性）」とは何か？　と問われますと、多くの人は自慰も含めた性欲自体が、輪廻を外れるためには不要なのだ、悪いことなのだと勘違いをするかも知れません。でも、それは関係がなく、問題はありません。

この場合の、悪いサガ（性）、悪いサガの思いの癖とは、他人を害する性《さが》、他人をイジメるような思い、他人を攻撃したいワレヨシなサガを指します。

釈尊が言われるには、このような「悪いサガ」とは今生一回だけの人生で構築されるものでは決してなく、長い長い輪廻を通して引きずってきたモノであるということです。

このことを昔から日本では、「三つ子の魂百までも」という表現でも指摘しています。

その人の悪いサガは、「生まれ持ってきた」とも言えるのです。

つまり人間とは、「同じようなことを何度も繰り返すパターン」を誰もが持つと言えます。魂が持つ習性とも言えます。

やはり神様が、魂を成長させるために初期設定した、自分がしてきた習慣（行為・仕事・勉強・思い方……）は、今生だけで完全消去するのではなくて、引き続き来生も潜在意識で継続させて、「自分がしたことをより進化させる」という法則の存在を感じます。

つまりこれは、良い習慣も悪い習慣も来生に持ち越し、より強化されていく、自分で強化してしまった、と言えるわけです。

転生を重ねるうちに、良いサガの者はより善人として進化をし、悪いサガの者はより悪人として他人への攻撃性が増す、とも言えそうです。

例えば、江戸時代の悪人を想像しますと、明るい悪人・極道者が多かったと感じます。現代では、陰湿な、より猟奇的な真の悪人が増えているとは言えないでしょうか？　これが言えるならば、魂の初期設定の考察の参考になります。

だからまず、

※自分の悪いサガの思いの癖があれば、それに気づくこと。
※要するに、「他人に対する」悪い思いは、そのすべてが悪いサガの因子となり、来生にも継続すること。

このような「思い」に関する注意を知っておいてください。


そして次に、釈尊は「思い」の改善だけではダメだとしています。

これが今生において、現実の「行為」として悪いサガのおこないが消え去ることが、輪廻を外れる必須条件だとしています。

「行為」∨「思い」だと霊的に言えます。やはりコノ世で自分が実際にする行為こそが、その善悪の両方がすべて因果として残っていくわけです。


今日も自分の「思い」に注意しながら、自分がする「行為」「行動」こそが、自分の未来も来生も反映する重要事項だという認識で生きましょう。

このような知識を持って、自分の「思い」「行為」「行動」を冷静に静観するだけでも、今生が改善していきます。冷静に見ていきましょう。

17 理由なき衝動的な感情には注意して静観します

（独自の訳）

コノ世の色々な物事（異性・性交・金銭・名誉・物・批判すること……）に惹《ひ》かれる深層意識からの衝動が次々と湧き起こること。
このような「自我から生じるサガ（性）」が残存する限り、
人はコノ世に強制的に何度でも生まれ直す縁となります。
だから、自我から生じるサガを一切持たない人は、
コノ世とアノ世を往復する輪廻を終わらせます。
それはまるで蛇が古い皮をスルッと脱ぎ去るようにできます。

［原始仏典『スッタニパータ』 第一章第一節――十五番］

（感想）

釈尊は、コノ世の物事に執着する「嫌な」「変なこだわり」のサガを人が持つ限り、その人は何度でも「これでもか！」とコノ世に生まれ直す、と断言されています。

でも、自分にとっての「嫌な」「ダメな」サガとは何かが、自分ではわからないものです。

世の中や他人に貢献したいと思う「良い執着」「良いサガ」も存在すると思います。ただ、「良いサガ」の場合、それに「執着する」ことがないのです。それがダメでも、清々しく、仕方がない、と素直に思えて**忘れていきます**。

悪いサガ（異性・性交・金銭・名誉・物・批判すること……）の場合は、理屈なくソレが欲しくなり、それがダメだと、なかなか**忘れることができないのです**。

そして、この項での新たな示唆は、悪いサガは「衝動的に湧き起こる」と表現されています。ソレが好きだ・欲しいと執着する悪いサガの場合は、理由もなしに衝動的に湧き起こるのです。

例えば異性に「一目惚れをする」とは、忘れている過去生からの縁であることがあります。もし一目惚れの相手に振られても、交際して別れても、その相手に執着しない場合は、過去生からの良い縁だったと言えます。きっと過去生でも、見かけたり、会話をしたような仲だったかも知れませんが、**「貸し借りのない関係」**だったのです。

ところが、衝動的に好きになった相手に振られた場合、それでも相手を忘れることができない、いつまでも反芻《はんすう》するように思い出し、さらには相手に復讐したいとまで自分が思う場合は、その相手と過去生で「貸し借りがあった」かも知れません。

ただし、ここで注意点は、今生が新規の縁の場合も多々あるのです。

だからコノ世での関係（会社の同僚・上司と部下・取引先・恋人同士・家族・親戚・隣人……）において、新規で悪い縁を残さないように配慮して生きることが得策なのです。

とにかく、他人を恨まないことが大切です。

コノ世で激しく憎しみ合う関係で終わりますと、来生に再びどこかで見かけた時に、

＊なぜか衝動的に好きになり、恋人同士になる。結婚する。

＊激しく憎しみ合うことになり、過去生の再現となる。

というパターンもあります。この逆のパターンもあり、良いケースの縁の場合もありま
す。言えますことは、その相手に「衝動的な感情が湧き起こる」場合は、善悪両方の知ら
ない過去生からの因果・縁であるケースがありますから注意します。

釈尊が言われたことのすべて。仏典が示唆して導きたい本音のすべて。これを一言で言
いますと、「執着するな！」なのです。

**良いことも悪いことも、コノ世のすべてに執着せずに、自分なりの最善を尽くしなさ
い！**　ということです。

ただし、執着はせずにと言いましても、何もしないこと・ただの怠惰は、縁者に迷惑を
かける因果となり、コノ世のより悪い環境に再転生する因果となります。

自分のするべき仕事をがんばり、自分ができる家族や他人へ協力することも、**「貸し借
り」を残さないため必要なのです。**

今日も、素直に、爽《さわ》やかに、軽《かろ》やかに。

自分なりの最善を尽くして、楽しんで生きましょう。

18　何事にも「嫌な」執着をしないことが最強の幸運術

（独自の訳）

自我（ワレヨシの思い）から生じる色々な嫌な執着が、生きる中であれやこれやと生じてくることにより、人は何度も何度もコノ世に転生することになります。
でも人は、その転生する原因となる嫌な執着が一切生じてこなくなった時、コノ世とアノ世を往復する輪廻を終わらせます。
それはまるで蛇が古い皮をスルッと脱ぎ去るようにできます。

［原始仏典『スッタニパータ』第一章第一節―十六番］

（感想）

人は、嫌なワレヨシな執着、自分勝手な執着、他人を思いやらない執着をすることが、コノ世で一番に自分自身を不幸にする原因となるようです。

自分の運気を落とさせるのも、自分に大損させるのも、自分を不幸にするのも、そのすべては自分が持つ「嫌な執着心」から生じるということです。

コノ世で自分を不幸にするだけではなくて、アノ世でも嫌な思いをし、さらには何度もコノ世に「出直して来い！」と段々と悪条件の環境に生まれさせる一番の要因が、

＊自分がコノ世で嫌な執着をすること。

だと釈尊は、この項でさらに念押しされています。

例えば不倫などは、コノ世でする一番のワレヨシな執着かも知れません。

＊相手の奥さん（旦那さん）や子どもの存在など、知ったことではない。

＊自分の夫（妻）や家族に、ウソをつくのも平気。

＊家庭があっても、その彼（彼女）をあきらめることができない。

嫌な執着をしているわけです。

これはやはり、**「嫌な条件で」**転生する要因になるのは明らかです。来生では、自分が

家族のために懸命に働く真面目で不器用な人物として生まれ直し、伴侶にウソをつかれながら、罵倒《ばとう》されながら、給与を搾取《さくしゅ》されながら、浮気をされる立場を経験することになるでしょう。

神様は、完全に公平な存在ですから、不公平なままでは終わらせないのです。完全に平等に水平になるまで、転生・生まれ直しをさせるわけです。

閻魔大王という存在が本当に見ていれば、そんな不公平は鬼のように許さないのは当然かも知れません。「閻魔大王＝自分の良心（内在神）」であるのが霊的真相です。誰もが、自分の心に、完全に公平な厳しい裁判官がいることを忘れてはいけません。

以上は不倫を例にしましたが、それが何であれ、ワレヨシな嫌な執着を人は持ってはいけないということです。

逆に言えば、コノ世は嫌な執着さえしなければ、自分で天国にすることも可能なのです。**自分なりの最善を尽くすが、その結果には執着しない**という心境は、自分の運気を高め、幸運を呼び、自分の環境を現実に変えていくのです。そうなるのです。昔の職人は、このような心境の人が多かったです。**人知れず悟り、**コノ世の転生を外れた人が多かったと思います。人は、どんな職業を通じましても、「自分なりの最善を尽くすが、その結果には執着しない」を実行することで悟ることが可能なわけです。

しかも死後は、アノ世では十倍の良い世界に逝《い》き、「生まれ出る条件が今よりも下がる嫌な転生」から解放されるのです。嫌な執着を自分が持たないこととは、なんとお得なことでしょうか。

だから今日から、

＊自分は嫌な執着をしない。

＊自分にとっての嫌な執着とは何か？

このような姿勢で生きるだけでも、自分の人生が好転します。人が変わる時は、本当に一瞬で変わっていきます。

誰もが生きる間は、「嫌な執着をしない」という最強の幸運術を選択することが可能です。これは霊的に観ましても、死ぬまでにこのような心境になれれば、アノ世にも来生にも良い影響をすることを感じます。

コノ世は、嫌な執着をするような誘惑に満ちていますから、「その中でも」嫌な執着をしないことが本当に価値も意味も持つように**創られているのです。**

誰もが、この人生というゲームに、勝つことが可能です。その勝敗は、コノ世での成功や栄華や、結果を残すことでもなかったのです。誘惑の多い中でも、何事にも「嫌な」執着をしないことだったのです。

19 心に蛇の形をとらせてはいけません

（独自の訳）
五つの自我のサガを捨て去った人。
それは、
一、醜《みにく》い貪欲《どんよく》さ
二、怒ること
三、ムダに心が沈むこと

四、心が落ち着かないこと
五、何でも疑うこと
これらがない人であること。
また、悩まない人であること。
さらには、五つの苦悩の矢。
一、ワレヨシな色情の矢
二、他人を嫌悪する矢
三、被害妄想をする矢
四、慢心する矢
五、何でも悪く受け取る矢
このような苦悩の矢が抜けた人であること。
以上の悪い自我が消えた人は、コノ世とアノ世を往復する輪廻を終わらせます。
それはまるで蛇が古い皮をスルッと脱ぎ去るようにできます。

〔原始仏典『スッタニパータ』 第一章第一節―十七番〕

（感想）

この項が、第一章第一節の最後です。

「それはまるで蛇が古い皮をスルッと脱ぎ去るようにできます」という、「蛇」がテーマの節でした。蛇とは、自我（ワレヨシの思い）が持つサガのエネルギー体を象徴する意味があります。執着の象徴でもあります。

人が持つワレヨシな自我な思い（前記の内容すべて）とは、霊眼《れいがん》（霊の世界を見る眼）では本当に蛇の形象で視えるものなのです。二千五百年も前の釈尊も、やはり人の思いに蛇を幻視したので、ハッキリと「蛇」と言い残しています。

現代の学者が考えますと、ただの比喩《ひゆ》の表現のように思うのでしょうが、これは思いの世界を実写した現実の意味から「蛇」なのです。

この項で私が感心して勉強になった言葉は、後半に出てくる「矢」という表現でした。皆様が心に他人を悪く思う時には、生霊として本当に矢のようなものが相手に飛んでいるのです。相手を憎むごとに、その思いが何発も何発も矢として相手に飛んでいます。

そして知っておくべきことは、生霊の矢を放った人は、その分の自分の生命力をなくしていることです。本当に生命力が漏電するのです。減るのです。

だから、他人の悪口を言う人ほど、顔が老けて、老化が進みます。自分の生命力が本当に鋭い矢として外に漏電するからです。これは自分の周囲の人を注意深く見れば誰でもわかります。

年齢よりも若く美しく見える人の大半は、他人の悪口や陰口を聞くことも嫌がります。まず、他人の悪口を言いません。

自分の人生で、どれほどの嫌な矢を放ったのか？

これは、その人の寿命にも影響します。すでに多くの矢を放ったと思えた人は大丈夫です。人は生きる限り、上書き修正、善徳の行為・思いにより充電することも可能です。減るモノは、逆に増やすことも可能なのです。

では、どうすればよいのでしょうか？

それには、この項にある内容に注意すればよいのです。漏電から充電に切り替えることも可能なのです。

釈尊の言い方は、戒《いまし》めの内容ならば、その逆をすれば「救われる」という意味でもあるのです。どの言葉にも必ず救いを含ませています。

今から自我のサガに注意して生きていきましょう。必ず人の人生は変わるものなのです。悪くなるモノは、病気でも、人生でも、何でも逆に良くなることも可能であることを含んでいます。

ただし、前記のような自戒・努力をすることが必須条件なのです。お経を読んだり、何か信仰や行法をすることでは人は改善しません。それで改善をしたとしても、一時的な悪魔の交換条件の発動に過ぎません。後が余計に悪いものです。

真の改善は、日常生活の中で自我のサガに注意して生活努力をすることなのです。人が出す生霊の視点からも、これは完璧に言えます。

先祖に感謝をすることも、大切で重要な善行となります。

今日も明るく、自我のサガに注意してがんばって生きましょう。

第一章 第二節

釈尊と牛を飼う信仰者との対話

1　今の幸福の先にあること

（独自の訳）

たくさんの牛を飼う、ある信仰者は言いました。

「私は、今日もご飯の準備を整え、牛の乳搾《ちちしぼ》りも終えました。

大きな河の側に、家族と一緒に住んでいます。

私が住む家の屋根は立派に葺《ふ》かれ、

内部には暖かい火が灯《とも》されています。

先祖を祭る献火も供物も絶やしません。

さあ神様、もし雨を降らせたいならば、いつでも降らしていただいて結構です」

［原始仏典『スッタニパータ』第一章第二節―十八番］

釈尊は答えました。

「私は、怒る心からすでに離れており、常に素直な心の状態にいます。
今日は大きな河の側で、一夜の一時しのぎの宿を借りるのみです。
私の心には、身を隠す屋根がすでにありません。
ムラムラと湧き起こるワレヨシな欲望の火もありません。
さあ神様、もし雨を降らせたいならば、いつでも降らしていただいて結構です」

〔原始仏典『スッタニパータ』第一章第二節―十九番〕

〈感想〉

第一章第二節は、真面目に牛飼いをする信仰者と釈尊との対比のような形で、真理を示《し》唆《さ》する表現になります。第一章第一節のような直接的な真理の示唆ではなく、一般の信仰者との比較で真理を「考えさせる」ものとなってます。

この牛飼いの信仰者は真面目に働く立派な御方だと、今の社会から見ても思います。

＊真面目に正業を持って家族を養い、

＊日々の勤務も怠《おこた》ることなく、生活の準備も万端にしている。
＊働いて屋根のある家を建て、先祖を祭る火も、暖炉の火も絶やさない。
その上で、「さあ神様、雨を降らせたいならば、いつでもどうぞ」と言える心境になれた人でもあります。現代人は屋根がある家に住むことがアタリマエであり、その前提でいます。だから、小雨ならば雨を恐れる人はいませんが、古代インドでは屋根のある暖かい家はアタリマエではありませんでした。

ただし、このような安心感は、モノ（家・屋根・家族・暖炉・供養行為……など）がある上での安心感なわけです。

「自分は、真面目に働いたからモノがある。神様、雨を降らすならば、いつでもどうぞ」というのは、現代人も陥《おちい》っている「思い上がり」ではないでしょうか。

生活が裕福になるほど神様を軽視するサガが、人類には古来からあります。慢心は、神に弓を引くことになります。これは自分に弓が反射します。

ＮＡＳＡが初めて人類を月に到着させた時、地上では人類は神の領域に入った、神の法則を支配したという報道もありました。

しかし、月へ行った宇宙飛行士たち（優秀な科学者・大学教授クラスの博士ばかりです）は、言葉では表現ができない存在の「実在」を思い知ったと言います。中には今の科学への視点が根底から崩れ去って、科学者を辞めて牧師になった人もいました。

この項で釈尊は、牛飼いの真面目な信仰者を否定しているのでは決してありません。ただ、釈尊の教えのすべて、仏教の根幹は一言で言いますと、「何事にも執着するな」なのです。

これを「だから何もしなくていい」と誤解してはダメです。

※真面目に全力で働きなさい。何にでも最善を尽くしなさい。

※でも、その結果にこだわってはいけない。その結果・成果に執着してはいけない。

という意味なのです。

物事の結果・答えに執着することが、現代人でもすべての悩みの原因に実際になっています。例えば、結婚できない、収入の結果が出ない、仕事がない。誰もが、その結果だけを求め、他人と比較して、悲しみ悩みます。

しかし、大事なことは、それへの努力過程なのです。結果ではないのです。
現代でも、結果にこだわる・執着する人は、成功しても最後は家庭が不幸になる人も多いです。周囲から人が離れるのです。お客様も離れます。

「長期で」子孫代々も成功する人は、結果よりも、今の過程を大切にします。だからダメな時も、手を抜かずに継続します。過程・仕事に**喜びがあるからです。**
結果に執着する人は、数字や結果によって右往左往の投資・人事配置をします。段々と全部がダメになります。

要するに、この項で示されていますことは、
※真面目に働き、色々なモノを手にすることは良いことです。でも、それに執着してはいけない。誰もが、いつでも、一人裸でアノ世に行くからです。
※だから、それに執着せずに楽しんで、感謝をすることが大切なのです。

2　自分の幸福感に潜む盲点

（独自の訳）

たくさんの牛を飼う、ある信仰者は言いました。

「私の妻は従順であり、何でも私の言うことを聞きます。

妻は、色々な欲望にふらつくこともありません。

私と長い年月を共に暮らし、ひたすら私を愛しており美しい女性です。

彼女の行動で、悪い噂を聞いたことがありません。

さあ神様、もし雨を降らせたいならば、いつでも降らしていただいて結構です」

［原始仏典『スッタニパータ』　第一章第二節—二十二番］

釈尊は答えました。

「私の心は従順であり、どんな他人の言葉も聞きます。

私の心は、すでにコノ世を解脱《げだつ》(すべての執着から離れた完全に自由な心境)しております。
長い年月にわたる心の修行をしており、私の心は常に静かです。
私が今さら、悪行をすることは有り得ません。
さあ神様、もし雨を降らせたいならば、いつでも降らしていただいて結構です」

［原始仏典『スッタニパータ』　第一章第二節―二十三番］

(感想)

この牛を飼う信仰者の奥さんは、何でも言うことを聞く、従順で美しい女性だそうです。男性は奥さんのことを、まったく疑ってはいません。心から信じ切っています。この男性の生きがいの視点は、**自分の心にあるのではなくて、**他人である奥さんにあるようです。

でも、釈尊の視点は、他人に依存することはなく、**自分自身の心にあるわけです。**自分の心は、自分自身を裏切ることがありません。

この両者の心の拠《よ》りどころには、根本的に大きな違いがあります。

もし、万が一にも、男性が奥さんと喧嘩をしたり、別離をしたとしますと、男性の心はどうなるのでしょうか？　しかも神様を試すように、まるで挑戦するかのように、「さあ神様、もし雨を降らせたいならば、いつでも降らしていただいて結構です」なんていう大口を叩いています。

このように、人間が「他人に依存しながら」「慢心することが」、後から大きな悲劇を生みやすくなる法則がコノ世にあります。

奥さんが従順であれば、何でも無理な強要を無意識にしていくのが人間のサガです。家事の最中に、男性の無理な言いつけで用事の横入り。しかも家事が途中のままならば、後からそれも怒る。奥さんの体調の悪い日も、無理で身勝手な性交の強要。その時の気分で、男性は言うことがコロコロ変わる。

しかし、奥さんは素直で従順であると信じ切っている男性は、**「奥さんのフォローをすることもない」**わけです。人間は、相手が異論や苦痛を言えば、初めて相手の立場や自分と違う視点も考えるものです。必要で大切な相手と喧嘩をすれば、その相手へのフォローや改善を何とか考えるものです。

だからある意味で、何の反抗も希望も言わずに従う相手とは、これは恐ろしいことです。おとなしく見える相手ほど、何を溜め込んでいるのか？　は未知なのです。自分にとって大切な人が、素直であればあるほど、余計にその相手への「思いやりの行動と発言」が大切になります。

例えば、
＊その言い返さない従順さは、陰にいる別の優しい不倫関係の男性の存在を完璧に隠すが故だった。
＊奥さんが耐え続けたストレスが原因でガンになり亡くなり、男性は孤独な老後になる。
というパターンも、社会にあることです。
今の社会を見れば、その後の二人の色々なパターンの想像がつくことでしょう。

この項で大切な視点は、
※今の自分の幸福や自信とは、他人の存在の御蔭《おかげ》で成り立つものか否《いな》か。
※釈尊のように、自分自身の心に拠りどころを持つことがコノ世での最終の答えであること。

この二点を知っておいてください。

このような視点を持って、社会で思いっ切り生きることが真の幸福への近道となります。そして、周囲におとなしい素直な人がいれば、その人への思いやりを余計に持ってあげましょう。

3 自分にないことにも執着しない

（独自の訳）

たくさんの牛を飼う、ある信仰者は言いました。

「牛を飼うための柵《さく》の棒はしっかりと打ち込まれており、

柵が壊れることはありません。

柵に張る縄《なわ》は、つる草でよく編み込まれており切れることがありません。

若い牛たちでも、この縄を切って逃げることはできません。

さあ神様、もし雨を降らせたいならば、いつでも降らしていただいて結構です」

〔原始仏典『スッタニパータ』第一章第二節―二十八番〕

釈尊は答えました。

「私は自分を囲う柵を牡牛のように壊し、
自分を縛《しば》る強固なつる草の縄を、巨象のように引きちぎることでしょう。
そうして私は、二度と母体に宿ることがなくなります。
さあ神様、もし雨を降らせたいならば、いつでも降らしていただいて結構です」

〔原始仏典『スッタニパータ』第一章第二節―二十九番〕

（感想）

ここの前の訳していない項では、牛を飼う信仰者が「生きがい」とする

＊自分の収入と家族

＊牛に交尾をさせて産み増やす必要性

これに対して釈尊は、

＊収入も家族もないが、平気な自分

＊他の存在の交尾がなくても生きて行ける自分

という対比をしております（第一章第二節―二十四～二十七番）。この対比の意味の答えが、この項となります。

牛飼いの生活基盤や「誇るべき」自分の生きがいは、囲う柵と縛る縄により、**もたらされています**。しかし、釈尊は柵も縄も壊し引きちぎることにより、何も持たないが、その代わりに二度と生まれて来ることはないとします。永遠に涅槃（ねはん：天国）に安住するわけです。

私たちは社会で生きるために、

＊囲う柵＝会社・組織など
＊縛る縄＝家族・子ども・異性など
を持ちます。そしてまた、これらが自分にないことが、自分が持てないことが、人生の悩みだと多くの人が思っています。
そして、この項の釈尊の真意は、「囲う柵も、縛る縄も持つな」と言っているのではないのです。「囲う柵を、縛る縄を、持っても持たなくても、それに執着するな」ということなのです。

だからコノ世で大きな財産を築き、かけがえのない家族を持てたとしても、それに執着しない人は最高であり、死後も天国に行く。
コノ世の財産も地位も、家族も何もない人も、**それが「ない」ことに執着しなければ、**その人は最高の天国に行く。何もコノ世で持てなかった分、死後の天国の歓喜とはなおさらに大きなものとなります。

人は、持つモノに執着するだけではなくて、自分にないモノにもさらに執着をします。

執着＝苦しみ。自分が苦しくなる原因となります。異性に関することも、自分の執着心が色々な苦しみや不幸を呼びます。

やはりコノ世は、何があろうがなかろうが執着心へのコントロールが、真の幸福と死後を決めることを知っておいてください。

神道では、執着をしないために、**「水に流すこと」**を思考でも、実際の川での禊《みそぎ》でも重視します。今日も、何でも水に流しながらそれを楽しみ、生きましょう。

4「自分にないモノに執着しない」とは？（前項の補足）

前項の補足です。

「自分にないモノにも執着しない」とは、何かをあきらめることでは決してありません。

「～をあきらめる」という言葉には、「～を」という個別へのコダワリ・**執着がすでに存在します。**

私は相談者から、

「私はもう結婚をあきらめればよいのですね？」

「私は出産への執着をあきらめるべきですね？」

などと聞かれることがよくあります。

私の返答は、

「別に決める必要はない」「そのように決めることではない」「そう決めてどうするの？」

というものが多いです。


「〜をやめること」をわざわざ相談されるということに、相談者の物凄い無念と執着を感じ、可哀想に思います。その質問が相談者から出る間は、**無念も執着も継続することになります。**

自分から湧き起こる質問・疑問とは、その人自身の自我のサガの内容・存在・継続を表現し、物語っております。


「自分にないモノにも執着しない」を別の表現で言いますと、

「お任せの心境」「サレンダー　surrender」

「神様に引き渡す、神様に明け渡す、降参する、神様に身を任せる」

というのが近いです。「自分にないモノにも執着しない」とは、ただ無理にあきらめるのではなくて、より高い心境からの「お任せ・自然」を意味します。

だから本当に執着が消えた人からは、「～をやめればよいのですね？」という質問自体が消滅・霧散します。


今のすべての状態、自分が欲しがるモノ・嫌がること・心配する内容……このすべてが、
＊今生の自分の生き方、努力の反映（八十パーセント）
＊過去生からの課題・因果の反映（二十パーセント）
から織り出されるモノとして自分の意識に**湧き起こります**。ある意味で、制御不能な自我として表れます。

この因果の流れを分析する必要は一切ありません。因果の理由・原因を解明しようとしてもムダだからです。

今の自分がすべて。それが答えです。今の時点での結果が絶えず出現しています。

因果のヒモを霊眼で視ますと、縦横無尽《じゅうおうむじん》に織りなされる色とりどりの織物に視えます。それはまるで、フラクタル形象のように視えます（口絵参照）。

これが遺伝子のらせん構造のように、全体で「三」本のヒモ（龍）の束となって進んで行きます。この図（図2）は二本の束ねですが、霊的にはこれが三本で撚《よ》られていきます。最初の大きな色彩豊かな図（図1）は、細部です。全体の形象がヒモの図（図2）になるイメージです。

このように、宇宙の成長も、海岸線も、山並み、体内の腸壁、皮膚細胞、株価、粘菌の増殖……、そして転生を繰り返す魂の因果の流れも、すべては**「渦を巻きながら」**継続・増殖・進化が起こっています（ｉｎｇ）。

つまり、このような膨大な過去からのヒモを読み解き、知ろうとするなどは意味がありません。ムダなことです。**単発の原因などないのです**。無数の因子が織りなすヒモなのです。だから、今が大切であり超重要です。

結局は、この項で私が言いたかったことは、とにかく、

※今の自分がしたいこと、欲しいもの、希望があればそれに向かって、思いっ切り努力してぶち当たればよいのです。

※そして、その結果が出ようが、ダメだろうが、一切をお任せで楽しむこと。なのです。

そして、「自分にないモノにも執着しない」とは、**すべては生かされている上での悩みに過ぎず、**この言葉に収束・終息することを私は言いたいのです。

それは、「生かしていただいて　ありがとうございます」。

5　悪魔は「物を持つこと」を勧めます

(独自の訳)

牛を飼う信仰者と釈尊のこのような問答が終わるやいなや、天が返答するように物凄い大雨が降り始めました。

瞬《また》く間に低い窪地も、小高い丘も暴雨で満たされるほどでした。

神様が大雨を降らされる様を見た牛飼いの信仰者は語り始めました。
「私が釈尊、貴方様に会えたことは物凄いことでした。心から衝撃を受けました。
貴方様は真の知恵の神眼をお持ちであることがよくわかりました。
私はあなたに帰依《きえ》（教えに従うこと）します。
私の妻も、とても従順で素直な人です。
私と一緒に貴方様のような如来《にょらい》の下《もと》で共に学ばせてください。
何度も生死を繰り返す人の人生を今生で終わらせ、
永遠の彼岸《ひがん》（天国）に安住することを目指したく思います」

［原始仏典『スッタニパータ』 第一章第二節──三十～三十二番］

このやり取りを見ていた悪魔は言いました。
「子どもを持つ者は、子どもを持つからこそ喜びが来る。
牛を持つ者は、牛を持つからこそ贅沢ができる喜びが来る。
つまり所有物こそが人に喜びをもたらすことができる。

何も持たない人には、喜びは来ない」

〔原始仏典『スッタニパータ』第一章第二節―三十三番〕

これを見て釈尊は言いました。

「子どもを持つ者は、子どもに執着すれば、心配が絶えない苦しみが生じます。

牛を持つ者は、牛を持つことに執着すれば、色々と心配して悩みます。

つまり所有物こそは人に執着を起こさせて、いつまでも心を安心させることがありません。

何を持とうが持たなかろうが、何に対しても執着しない人には、苦悩は来ません」

〔原始仏典『スッタニパータ』第一章第二節―三十四番〕

（感想）

牛を飼う真面目な信仰者が、釈尊に感動して夫婦で釈尊の教えを勉強したいと言いますと、悪魔が登場してきました。悪魔はいつでも、どこでも、聞き耳を立てているということです。

悪魔は人の自我《じが》（ワレヨシな欲望や思い）に住んでいるのです。つまり人間は誰もが、自分の心に悪魔と神様（真我《しんが》・内在神）の両方をすでに持った状態だと言えます。ここが大切なポイントです。

どこか知らない他所《よそ》から、悪魔や神様がやって来るのではないのです。すでに自分の中に同居しているわけです。

だから修行すると言いましても、何かが他所から来ることを期待してもムダです。

自分の中から、何を出すのか？ を意識することが大切なのです。

働きながら、勉強しながら、主婦業をしながら、自分の中の良いモノを前面に出すことが人間として生まれた真の修行なのです。自分の心から悪魔を出しながら生活をしてはいけません。

でも社会には、悪魔を撒《ま》き散らしながら生活する人が、会社にも、スーパーにも、道路にもいるわけです。自分から悪魔を出し続けた人は、周囲の人を苦しめます。他人に嫌な思いをさせることを嬉しく思うようにもなっていきます。そして本当に、自分自身が悪魔のような卑《いや》しく貧相な顔にもなり、地獄のような生活環境にも変わっていくのです。

ここで悪魔は、人に物を持つことを勧めています。これに対して釈尊は「物を持つ＝執着」について戒《いまし》めています。そこで思い出しました、私の子どもの頃のエピソード、「ボロを着ても心は錦《にしき》」の是非について、次の項で考えたいと思います。

6「ボロを着ても心は錦」が意味するもの（前項の続き）

私が小学生の時の話です。私が砂場で遊んで帰宅しますと、居間で母親と父親がテレビを見てくつろいでいました。私も座ってテレビを見ようとしますと、母親が私の服に砂が付いていることに気づき言いました。

「あら、玄関先に行って服を脱いできなさい！」

早くテレビを見たいし面倒くさく思った私は、

「学校の先生が〝ボロを着ても心は錦〟と言ったから嫌だ」

と、小学生特有の幼稚な詭弁《きべん》で答えました。母親は怒って、

「ダメです！」

この様子を側で見ていた父親が、

「おまえは家族や他人に不快な思いをさせても、自分の心は平気な錦なのか？」

と言いました。見ますと、父はヨレヨレのステテコ姿でくつろいでいましたので、私は黙って父のステテコを指でさしました。すると父は笑いながら、

「安物を着ていても汚れていないから、心は錦で良いのだよ」

と返しました。私はこの時、

「汚い服で心は錦だと言いはるよりも、**安物を着ていても心は錦**のほうが立派なことだ」

と小学生ながらに観念して、玄関先に向かったのでした。

もう一つ、社会人になってからのエピソードですが、同僚の結婚式に同期数名と共に出席しました。すると同期の一人が、普段の仕事と同じヨレヨレの背広にネクタイだけが慶事用の白色で出席していました。

私が「それはないよ～」と言いますと、同期は「アイツにはこれで十分だよ。ボロを着ても心は錦だ」と笑っていました。

それを聞いて、新郎新婦だけではなく親御さんや相手方の親族への無礼を思い、同じ会社の人間として恥ずかしく思い心配でした。

以上の話は、実は精神的な修行・信仰にこだわる人々にも言える本質を指摘しています。

＊「家族を幸福にするため」、「家族のために」と言いながら、家族を放置したまま、宗教活動や祈願のために出かけてばかりで家にいない。

＊「悟るために」と、家事の手伝いも仕事もせずに瞑想ばかりしている。

高尚な「心の」目的を言いながらこれでは、トンチンカンな結果・状態になります。

さらにヒントとしては、釈尊こそは、ボロボロになりながら餓死寸前まで苦行に真剣に打ち込みました。苦行の先に、心の錦（悟り）があると思い込んでいたのです。でも、本当に肉体が死ぬ寸前まで行きましたが、心の錦に至ることができないことを思い知りました。

そして、もうダメかなとあきらめかけた時、働く女性スジャータから乳粥《ちちがゆ》の「思いやり」を受けて、心に錦の虹が訪れて悟りました。

この話には、私の父が言いました、

「他人に不快な思いをさせても、自分の心は平気な錦なのか?」

にも通じるものを感じます。

つまり、「ボロを着ても心は錦」は大切で良い言葉なのですが、

※他人への思いやりや、配慮、エチケットは忘れてはいけない。

※自分だけの独善、独り善がりではいけない。

ということを思います。

そうなりますと、**「安物を着ていても、清潔な服ならば、その人の心は錦」**は本当に言えることだと思います。

高所に登るトビ職の職人さんが、継《つ》ぎ接《は》ぎだらけの作業着でも、毎日洗濯して交換している人が多いそうです。その理由は、

「汚れたままの着通しの作業着の奴は、事故をする」

と言っていました。職人にとっての作業着とは、最高の礼服でもあるようです。

自分の道具(作業着)を大切に洗濯・手入れすることは、仕事への姿勢を意味するので

す。プロ野球選手でも、名選手ほど道具を大切にしています。


この項では、悪魔は牛飼いの信仰者に対し、

「物を持つこと、物を集めることこそが人を幸福にする」

と言い、釈尊は、

「物を持とうが持たなかろうが、それに執着しないことが、真に心を幸福にする」

と示されました。

服の話も含めまして、すべてに共通する真理は**「他人への思いやりが一番に大切」**であり、これが本当に悟るためには不可欠な要素だと言えます。

第一章 第三節 その一

まるで一本角《つの》が立つサイのように一人で歩みなさい

1　人は誰もが孤高の存在です

（独自の訳）

すべての生き物へ暴力をふるうことをやめなさい。
どんな生き物にも危害を加えないと誓った人が、
自分の子どもにさえも執着して縛《しば》ることがあってはいけない。
ましてや、同じ修行をする友人が欲しいと執着してはいけない。
どんな交わり、集団の中に自分がいましても、自分一人で歩く覚悟を持ちなさい。
まるで一本角《つの》が立つサイのように歩みなさい。

［原始仏典『スッタニパータ』　第一章第三節―三十五番］

（感想）

第三節は、「一本角のサイのようにあれ」というテーマの項が続きます。二本の角ではダメなのです。一本で猛々《たけだけ》しく起立する角のような自分であれ、と釈尊は示します。

人間は、弱さのほうに流れますと、とことんすべてが弱くなってしまう生き物でもあります。でも、強さのほうに向きましても、仲間を増やして他人を傷つけるばかりのカラ元気となるのも人間です。

いつまでもこのような弱者・強者のままでは、人は同じ繰り返しを辿《たど》るだけなのです。転生《てんせい》(何回も人間に生まれ変わること)が終わることがありません。

人は、どんな中に自分がいましても、孤高な存在・独立する一人の存在である意識を根底に持ちなさいと釈尊は言われます。

でも、そんな人生は寂しくないか？　と普通の方々は思うものです。しかし、人間は誰もが、最後はたった一人で死んで行く道理を見ますと、コノ世でどんなに子どもがたくさんいようが、友人に囲まれようが、それは流れて行く景色・風景にしか過ぎないのです。すべては必ず変化していくものです。

子どもたち、友人たちという風景に執着せずに、その一時《いっとき》を楽しむならば、それは最高です。でも意識の根底には、誰もが自分は一本角が立つ強いサイであるということを知っておきなさいという項です。

誰もが、病気であったり、悲しんだり、寂しい思いもする存在なのですが、自分の心に内在神（真我・絶対歓喜）という無限の宇宙を抱《かか》える存在なのです。

だからどんな人でも、弱くて悲しい存在では有り得ないのが、人間の本当の正体です。

躍動する熱い歓喜が心の根底に命・イノチとして宿っています。

つまり釈尊が、「人は孤高の存在であれ」と言われるのは、内在する大いなる真我・神への敬意でもあるのです。それほど崇高な存在が、人間の心の奥に隠れているのです。

天上天下唯我独尊《てんじょうてんげゆいがどくそん》＝宇宙には内在神と自分しか存在しない、という真理・真実。

でも悲しいかな、人間は自分の隠れた強さも、崇高さも信じることができないのです。

それらを真から自覚することこそ「悟り」です。

他人との人生を違《たが》える秘密でもあります。

成功する経営者とは、
＊自分の孤独を楽しめる人。
＊自分の孤立を恐れない人。
＊自分自身を信じる人。
であるのが特徴であり、必須条件です。


今の自分がどんなに弱くても大丈夫です。

今から、自分に内在する孤高の存在、躍動する絶対歓喜（真我・内在神）に気づいていけばよいのです。

自分の中の崇高な歓喜に気づけた人は、人生が明るく変わります。

その人の死後は、天国に行くことは間違いないのです。

安心の中で心が躍りながら昇って行きます。

2　自分のオリジナルな色・磁気が運命を分けます

（独自の訳）

性交をすれば、相手を縛る執着の愛情が生じます。執着の愛情が大きいほど、色々な苦しみも増します。執着する愛情から、色々な問題・事件さえも起こる様子をよく観察していなさい。どんな交わり、集団の中に自分がいましても、自分一人で歩く覚悟を持ちなさい。まるで一本角《つの》が立つサイのように一人で歩みなさい。

［原始仏典『スッタニパータ』第一章第三節―三十六番］

（感想）

愛情には色々な種類があります。良い意味の愛情も多々ありますし、それは非常に大切な感情です。

＊相手へ思いやりを持つ愛情
＊相手に見返りを求めない、無私の愛情
＊慈悲心からの愛情

これらは、年齢と性別を超えた奉仕の心からの愛情です。この大切な愛情と、性交することにより生じる相手を縛る愛情、相手を自分のモノにしておきたい愛情は、まったく別物の愛情だということです。

人類の言葉の盲点に、「愛情」という同じ名称ならば、違う内容でも一緒だと受け止めてしまうことがあります。

同じ愛情でも、奉仕の真我からの愛情と、自我（ワレヨシ）から来る愛情には天地ほどの違いが存在します。まったく別物の愛情だということです。

男女間の友人関係は成立する、と主張する女性がたまにいます。自分にはたくさんの異性の友人がいる、と言うものです。

では、そこに色情の芽はないのでしょうか？　もし性交関係があっても、それでも本当の友人なのでしょうか？　しかもたくさんの異性とです。それを友人だと主張する女性と、結婚する男性はまずいません。もしいたとしても、その結婚には責任感がない人です。

ここで釈尊は、性交の有無を一つの基準として断言されています。**夫婦以外の関係性において、**性交することから生じる縛る愛情・欲情に注意しなさい、と言われています（夫婦間の性交は良いです）。

自分が他人と性交して、相手に色欲から執着する間は、輪廻《りんね》（何回も生まれ変わること）を外れることはないと釈尊はします。

相手を縛らない・相手に執着しないけれども、無数の異性と性交したいだけならば、それはさらに悪い自我の執着です。愛情も持てない、無責任な自我の執着です。

これは悪徳な有料先生に多い心境です。その実態・霊格は、真面目な一般人以下の人間性と霊性だということが真相です。

性交を心の中で思うだけならばまだ良いですが、行為に移さないと収まらない段階では、まだまだ転生《てんせい》（生まれ変わり）は生じます。

でも、若い頃はそうであっても、老後に枯れたならば問題はないです。再びの転生を呼ぶほどの性への執着を持つ人は、老人になっても色欲の行動を抑えることができません。

スリランカ、タイ、ミャンマー、カンボジア、ラオス等の地域に伝わった南伝の上座部《じょうざぶ》仏教《ぶっきょう》(小乗仏教《しょうじょうぶっきょう》)は、戒律が厳しい仏教です。この地域では、この項の「性交」の範囲をさらに拡大して解釈しています。異性と会うこと、会話、握手さえも厳禁としています。

さすがにこれは行き過ぎです。釈尊は、あくまでも性交を基準として戒めたと記憶します。

ただ、私の個人的な過去生の記憶では、釈尊はやはり面会は普通にしますが、握手も含めて他人に触れることを非常に避けていましたし、そういう雰囲気の御方でした。全身の肌から二センチほど薄く発光して見える御方でしたから、まず他人も触れる気持ちが起こりませんでした。

仏像で表現される光背《こうはい》(背中に現れる光の輪)は、あれは現実にそうだったのです。

釈尊だけではなく、人は誰もが自分のオリジナルの磁気の光を出しています。この自分のオリジナルの大切な磁気の光を曇らせるのが、夫婦以外の他人との色情からの性交であり、有料先生にされるスピリチュアル行為だということです。これは自分の転生にも影響する、大切なオリジナル磁気を曇らせることになります。

つまり、仏教の戒律の中には、解脱《げだつ》（転生からの解放）をするための、自分のオリジナル磁気を維持するための戒律も実際に多いと言えます。

ただし、釈尊御自身が「中道」の大切さ、何でも極端にすることもさらに「悪い執着」だと指摘されていますから、配慮が必要です。

自分の生活の中で、自分のオリジナル色、オリジナル磁気を大切にする方向だけは意識しておいてください。

動物が死ねば百パーセント成仏するのは、**オリジナル磁気（マーキング行為で自分の磁気を守る）を維持することに非常に厳格だからです。**

自分色の磁気を大切にすることは、人間が忘れてしまった真理だと言えます。

3　自分一人でいることがカッコ悪いと思わせるものの正体とは？

（独自の訳）

親友、友情のために、それを維持するために自分が無理をするならば、
それは他人の視線を気にするがゆえの自分の執着です。

これは自分自身を害する可能性があります。

交友関係においきましても、
自分自身が外見を気にする自我を、増大させる執着である危険性を知っておきましょう。

どんな交わり、集団の中に自分がいましても、自分一人で歩く覚悟を持ちなさい。

まるで一本角《つの》が立つサイのように一人で歩みなさい。


［原始仏典『スッタニパータ』 第一章第三節―三十七番］

（感想）

この原文を読みました時に、私が小学生の時にあったことを思い出しました。クラスに、弱いのにいきがっている嫌われ者の男子生徒がいました。女子やおとなしい男子にイタズラをしては自分に注意を向けたい子でした。話をしますと、家に帰っても両親が共働きで誰もいなく、服装も含めて放置されている感じでした。学校に来ても、誰も自分に話しかけてくれないからと、弱い子にちょっかいを出しているようでした。私は何となく、よくその男子に話しかけていました。

ある日から、その男子が親からもらったと言って、最新型のシャープペンシルを何本もクラスの生徒に無料で配り始めました。昭和の頃は、金属製のシャープペンシルは今ほど安価な文房具ではありませんでした。子どもは現金なもので、物をもらえば態度が変わります。彼はクラスの人気者となりました。

私も新型のシャープペンシルを彼からもらい、家でそれを使って勉強していました。すると、母親が「それは買ったの？」と聞いてきました。

私は同級生からもらったことを言い、クラスの他の子たちももらっていることを母に話しました。しばらく黙考していた母は、「明日、その子を家に連れてきなさい」と言いました。ケーキを用意しておくからとのことでした。

翌日、その同級生を家に連れて帰り、ケーキを食べ終わると母が言いました。「高価なシャープペンシルを同級生に配って無理をしてないの？　もう、そういうことで注意を引くのはやめたほうがいいよ。それ、本当に買ったものなの？」と同級生の目を見ながら話しました。彼は、なぜか否定もせずに黙っていました。そして母は、そんな高価な物をいただくことはできないからと、彼にシャープペンシルを返しました。

私は彼が帰った後に、「なぜあんなことを聞いたの？」と母に聞きましたが、母は黙ったままでした。

しばらくしますと、彼が学校を休みました。ホームルームの時間に先生が説明するには、その生徒が万引きの現行犯で補導されて、しばらく学校に来られないということでした。クラスから万引きで補導される生徒が二度と出ないように、先生は厳しく怒りました。

彼にとって注目されたい、友達が欲しいという目的を果たす手段は、自分が万引きをして物をプレゼントすることだったのです。子どもなりに思いついた悲しいアイデアでした。

これと同質のことは大人社会でもあります。例えば、旅行帰りのお土産を無理をして親しくもない多くの同僚に配っているかも知れません。異性の注意を引くために、無理をして高価なプレゼントを買うかも知れません。

また困ることには、友人・親族から借金をしたいと暗に匂わされることもあるものです。親族からの借金の申し出を無碍《むげ》に断れば、他の親族からの目も気にするものです。断ることは、身内の情や友情を踏みにじることになるのかと負い目に思ったりもします。

小学生でも大人でも、他人からの視線を良くしたい思いで、自分が無理をすることがあるものです。

この項で釈尊は、交友関係でさえも、すべては他人の視線を意識した行動であることを示唆《しさ》しています。友人だと思う相手と、その周囲の人々への体面を意識した行動を、

「そうすることが、交友だと思っていないか？」

と投げかけています。

そういう関係は、元は自分自身の見栄であり自我（良く見せたい欲）の執着からの産物だと示唆しています。人は、自分一人だけでポツンといることが、他人の視線を気にしてカッコ悪いと思うサガがあるということです。

そこを釈尊は、

＊自分一人でいることを恐れるな！

＊カッコ悪いと思うな！

と叱咤《しった》しています。

それを恐れる心は自分の自我の執着から発生していること、自分の弱い自我が他人とつるませ、友人が多い様を演出していると看破《かんぱ》しています。自分には友人が多いという無理な演出をさせます。これは自分を良く見せたいという執着から生じています。

人間は、自分を良く見せたいという自我の執着を大きく育てている限り、本当の幸福感も幸運も来ないのです。

釈尊はさらに、

＊自分を良く見せたい執着を大きくする間は、転生（再び生まれ変わること）する。

とします。

本当の友人関係とは何か？　そこに自分自身を良く見せたい自我の執着がないか？を考えておくことも、自分の真我（内在神）を発露させるためには大切なのです。

4　誰もが「竹の子」です

（独自の訳）

子どもや伴侶という家族に対する執着とは、

まるで、根っ子が一つでつながっており、

上方でも枝同士が近接して絡《から》み合う竹林のようなものです。

でも原点は、誰もが竹の子のように枝葉を持たない独立した存在であるのが人の正体です。

どんな交わり、集団の中に自分がいましても、自分一人で歩く覚悟を持ちなさい。
まるで一本角《つの》が立つサイのように一人で歩みなさい。

〔原始仏典『スッタニパータ』 第一章第三節―三十八番〕

（感想）
釈尊が、「君は竹の子なんだよ」とおっしゃっています。
確かに人の一生を考えますと、
＊竹の子のように、先祖という根っ子の上に、枝葉のないツルンとした赤子で生まれ、
＊段々と枝を伸ばし、隣接する家族という枝と絡み合い、
＊子どもは成長すれば離れ、伴侶とも死別・離婚もするかも知れません。
＊竹は年月を経て上空に伸びるほど他の枝との絡み合いは去り、老いた竹は孤高の存在となり、
＊いずれは枯れて、枝葉をなくし、竹の子に戻る。
と言えるのかも知れません。

釈尊は、家族という枝葉を持つなとは言っていません。

「自分の本性は、枝も何もないツルンとした竹の子だったことを忘れるな!」

とおっしゃっているわけです。


これを忘れなければ、何が変わるのでしょうか?

家族への「怒り方」が変わるのです。これは、かなり大切なことです。家族の人生に影響するかも知れません。
＊家族へ自我(ワレヨシ)からの執着心を持った怒り方。
＊枝の絡み合い(家族の存在)があることをアタリマエにしてしまい、家族を持てることへの感謝を忘れている怒り方。
このような怒り方は、自分が竹の子であることを忘れない人が家族に怒る場合と、かなり違った内容と場面になるのです。

竹の子である自覚を持つ親が、子どもを叱る時は、激しく怒るにしても、

＊この子は、授かりもの、天から預かっているという自覚。
＊冷静に「子どものため」の怒り方ができる。
＊子どもがいずれ独立して社会人になれるように怒り、誘導する。
このような「長い視点」を忘れない怒り方が、竹の子を自覚する親には可能となります。

これとは反対に、自分の自我から子どもを怒る場合は、
＊とにかく親の希望・欲望に叶うように怒ることが正義だと思い込んでいる。
＊子どもが親からいずれ離れること（独立、死亡する場合もあり）を忘れている。
＊子どもは天から預かっているだけ、ということを信じません。
これでは、その場その場で感情に任せた怒り方となり、子どもの人格を壊しかねません。
すべては、「自分は竹の子である」「家族もそれぞれ独りの竹の子である」ことを忘れていることから起こります。

人は竹の子のように、表面（自我）の黒い皮をむけば、美味しく素直な白い中身が現れます。でも黒い皮は、風雨や寒暖から中身を守ってくれます。

＊黒い皮＝自我（ワレヨシな欲望）
＊風雨や寒暖＝社会での試練、危険

だから生きる限りは、自我を完全に取り去る必要もありません。ただ、心の内に純粋な白い中身を持つ自分を忘れずに、白い心を意識して守ることが大切です。

白い中身＝内在神、とも言えそうです。

要するに、この項で言いたかったことは、

「みんな竹の子だー」

なのでした。

5　自由の中には、責任と因果が凝縮されています

（独自の訳）

森の中を自由に動き回れる野生動物たちは、

感じるままに食べ物に近づくことが可能です。
このような完全に独立した自由というものを深く目指して、
知恵のある人は、
どんな交わり、集団の中に自分がいましても、自分一人で歩く覚悟を持ちなさい。
まるで一本角《つの》が立つサイのように一人で歩みなさい。

〔原始仏典『スッタニパータ』 第一章第三節―三十九番〕

（感想）
この項を人間社会における仕事に言い換えてみましょう。
＊社会の中には無数の仕事が存在しています。
＊人は、自分の好みと自分の能力に合わせて、その中から仕事を選ぶことが可能です。
＊自分が選ぶ仕事が人生を決めます。
＊その「自由に選ぶ」という不思議の縁を深く追求しなさい。
＊その時、人は生きる知恵を持つことが最重要です。それが、その人の人生を決めます。

＊生きる知恵を持つ者は、集団の中に自分がいましても、その中でも自分一人で求道《きゅうどう》する精神を持ちなさい。

このように響いてきます。

私は飲食店や色々な店舗、会社、事務所に入りますと、そこで働くアルバイトや平社員の人が、将来に幸福な結婚をするか、経営者になるか、その会社で出世するか、どんな老後になるのか、走馬灯《そうまとう》のように様々な場面が一瞬で流れて、私の脳裏に観《み》えることがあります（観る＝概要・全体を見る）。

未来は白紙なのですが、
（1）努力をする人間
（2）誠意のある人
（3）感謝の思いを持てる人
このような人の未来には、今の白紙の時点でも確実にその因子が育っている様を視《み》ます（視る＝細部を見る）。

未来へのベクトル（方向性）が、今の努力具合で発生しているのです。つまり、努力する人の未来は読みやすい、努力しない人の未来は白紙の不安定なまま、とも言えます。

そして、今がアルバイトや平社員であっても、将来に成功する人、幸福になれる人に、さらに欠かせない要素は、

（4）今の自分がどんなに下の立場でも、自分が経営者になったつもりで、自分が経営者の代わりに、全体を盛り上げる配慮、そういう全体を思いやることができる気持ちを、安い給与の中でも持てる人。このような人物は、今がただのアルバイトであっても、その人の未来はより良いものになります。若ければ未来に経営者にもなれます。

（4）を持てるか否《いな》かは、天性の素質であり、育ちの反映であり、家系の霊線の状態を表しているとも言えます。（4）を持っている人は、その働く様子を見ていてすぐにわかります。まるで光っているかのように見えます。

大半の人が、アルバイトならば、

＊安い日当でアホらしい。
＊今日も早く終わらんかな。
＊アイツばっかり楽してる。

このように不平不満ばかりを思い、他人ばかりを見て、仕事中も心ここに在らずです。その店舗や会社に入れば、こういう人がすぐにわかるものです。このような人の未来は、それに応じたものになっていきます。

だから勤務する会社で嫌な他人が気になる人は、要注意です。ムダな漏電をして自分が損をしています。もっと自分の仕事を見て、自分の仕事を求道して、仕事に対してサイのような独立した心境になれることが大切です。

この項の言葉に戻りますと、
※たくさんの中から自分が自由に「選べる能力」ということへの求道を深める大切さ。
※どんな中にいても、その中で生きる知恵を持とうとする意識の重要性。
これを釈尊が指摘されています。

つまり、

※自分の生活の中で、より自由に選択ができるように努力すること。

※自分がする自由な選択の中には、自分の生き方から生じる色々な因果や縁が凝縮されること。

※生活の知恵を持つことが重要であること。

※どんな集団の中にいても、自分一人の求道（きゅうどう：真理を求める）の場にすること。

このようなことを意識することを参考にしていただければ幸いです。

6　自分の体裁《ていさい》のために、無理な交友などするな

（独自の訳）

いつも仲間と一緒にいるならば、

修行中も、休んでいる時も、仕事場に行く道中も、遊びに行く時も、

常に仲間と話さなければいけません。

それよりも他人を気にしないで済む中で、
自分の心の完全なる自由を求めて考えたほうが有意義です。
どんな交わり、集団の中に自分がいましても、自分一人で歩く覚悟を持ちなさい。
まるで一本角《つの》が立つサイのように一人で歩みなさい。

［原始仏典『スッタニパータ』 第一章第三節―四十番］

（感想）

人は仲間の中にいて、自分がしゃべっていることで、
＊他人から見える自分の体裁が良い。間が持つ。
＊集団の中に馴染《なじ》んでいる「自分に」安心する。
つまり、自分の外見を意識した自我（ワレヨシの思い）のために、人は仲間というものを求める側面があることを知っておきましょう。

釈尊は、友人を持つなとは言っていません。

友人たちの中に自分がいても、人が持つべき大切な本質・目的である、自分の心の完全なる自由というものを見つめることが大切だということを、この項は示唆しています。

人の交友関係の悩みを考えてみますと、「それを断ると、自分の体裁は他人からどう見えるのか？」という他人の視線を気にするがゆえの悩みが根底にあります。

他人の視線を気にするために、

＊自分が無理をする。

＊無理に、家族よりも交友を優先する。

＊無理をして友人に金を貸したり、借金の保証人になる。

これは、後で自分自身が後悔することになります。

そんなことを自分がするのも、他人からの視線を気にする自分の自我のためにした、ということが突き詰めれば言えます。

釈尊は、そういうパターンの繰り返しをすることよりも、

「自分の心の自由を見つめて求めなさい」

としています。

「自分には友人がいないと心配するな」

とも言えます。


今日も、自分がどんな中にいましても、自分の心の自由とは何か？　を見つめて過ごし、心中でこれを優先していましょう。

7　一期一会《いちごいちえ》、今日が最後かも

（独自の訳）

仲間や家族と一緒にいますと、遊びや楽しい物事があるものです。

もし自分に子どもがいるならば、家族への執着愛は大きなものです。

しかし誰もが必ずいつかは、大切な人と別離が生じるのがコノ世なのです。

コノ世はそういう世界だということを覚悟して忘れずにいましょう。

どんな交わり、集団の中に自分がいましても、自分一人で歩く覚悟を持ちなさい。まるで一本角《つの》が立つサイのように一人で歩みなさい。

〔原始仏典『スッタニパータ』第一章第三節―四十一番〕

（感想）

釈尊いわく、

（1）家族や仲間と、いつかは別離することなど一切考えずに暮らす生活。自分の子どもとも、必ず別離するなどの縁起の悪いことは信じないで、一切考えないで今を楽しむ生活。

これとは反対に、

（2）家族や仲間と、いつかは必ず別離することを覚悟しながら、今の生活を楽しむこと。いつ何どき家族や友人と死別しても、自分が後悔しない対応を普段からしながら生きること。

この二つの生き方には大きな違いがあると、この項で釈尊は示されています。

何がどう違うのでしょうか?

(1)の生き方ならば、家族や友人に対して、
＊自分の感情に任せて好きなことを言って、喧嘩をしても気にしない。
＊嫌味を言ったり、イジメをすることもあるかも知れません。

(2)の生き方ならば、
＊今日が一期一会(いちごいちえ:一生に一度の貴重な面会。これが最後の面会)だと思い、ムダな喧嘩をする気にもならない。
＊相手を愛情深く、感謝の気持ちで見ることができる。
＊相手の些細《ささい》なことは気にならない。

このようなことが言えると思います。

他人と喧嘩をするのも、その人が嫌いだけれども、ずっと生きている人だという前提があるから喧嘩ができるのかも知れません。

もし自分の嫌いな相手が突然に死にますと、喧嘩をした者同士、喧嘩をした間柄ほど、色々な感情が後まで残るものです。親子ならば一生、繰り返し思い出すものです。

これがコノ世なのです。

いつもの食事も毎日食べていますと、明日も食べられるという前提を勝手に思っているものです。でも、明日からはもう食べられないと認識した上で食べるならば、いつも以上にしっかりと料理を見て味わうものです。同じ一回の食事なのですが、その感動の差には大きな違いが生じます。

これと同じことが、必ず別離することを覚悟した上で生活をしますと言えるわけです。死を忘れている生活とは、その中身に天地の違いが長い人生では生じるということです。

今日は、他人や色々な物事（動物・植物・乗り物・食事・仕事………）を「一期一会」「今日が最後」という視点で見てみましょう。

普段には気づけない、何か大切な気づきが生じるものです。

それに対しての感謝が、新たに湧いてくるかも知れません。

8　天国へ行く最短の近道

（独自の訳）

東西南北、どこに住んでも安らかな心境で過ごし、
どんなことも毛嫌いせずに、
その時々の、どんな所でも、自分の手に入るもので満足をすること。
自分に起こってくれる様々な因果の荒波を恐れない人は、
どんな交わり、集団の中に自分がいましても、自分一人で歩く覚悟を持ちなさい。
まるで一本角《つの》が立つサイのように一人で歩みなさい。

［原始仏典『スッタニパータ』 第一章第三節―四十二番］

（感想）

死後に涅槃《ねはん》（絶対的な安心の境地。天国）に行くためには、どんな生活をすればよいの

でしょうか？　釈尊がこの項で説明しています。

（1）どんな地域・場所・家に住んでも、そこで安らかな心境で住みなさい。

つまり、住む場所の影響に左右されるようではダメだとおっしゃっています。隣人が嫌いだ、上階の騒音で眠れない、などなどでノイローゼになるほど苦しむ人が現代には多いです。

気になりだしますと、ドアの開け閉めの音だけでも自分への嫌がらせ、攻撃だと思って気に病む人がいます。

考えてみますと、死後には今の自分が「知らない」世界で誰もが過ごすのですから、コノ世「でも」どんな場所にも順応《じゅんのう》できることが、たとえ死後の行き先が天国であっても、快適な暮らしに必要な条件となります。

今の住まいで感じる嫌な刺激こそは、自分の順応性を強化してくれる大切な訓練かも知れません。

（2）どんな地域の風俗・習慣も、どんな他人も毛嫌いしてはダメです。

やはり、他人を嫌悪する気持ちこそは、死後の自分の足を引く要因になるということです。変な人は、必ずどこでもいるものです。そういう人にいちいち嫌悪の感情を「自分の中に」育てずに・起こさずに、大きな視点で見ていきましょう。

自分が嫌な感情を持つことは、自分にとってのマイナスになるということです。

(3)「足るを知る」ということが重要です。

今がどんな現状でありましても、

＊そこで感謝ができない人は、

＊感謝するべきことに気づけない人は、

何が叶っても、新規の不足感が「止まらない」ということです。これを止めるには、とにかく現状の中でも自分の不足感を止めることです。今の中でも満足ができる人には、そうなることが可能です。

(4)そうする中でも、自分に起こる様々な困難を無闇に悲しんだり恐れたりしないこと。

その困難こそは、生死を超えた転生の視点では、**「自分が忘れている借金」**を返すための大切な大切なチャンスだということが霊的な真相なのです。借金が終われば、後は放っておいてもすべてが貯金です。必ず天国へと行きます。

借金を大きく返せる大切な機会を、自《みずか》ら不満と怒りで捨てている人が多いのです。こうする限りは、不運の再生が止まることがありません。何度も同じように借金を返すための場面が自分に再生されます。

死後にも、来生にも、この貸借対照表《たいしゃくたいしょうひょう》は完璧に付いて回るのが、宇宙の法則なのです。人知を超越した仕組みが、今も厳正に稼働していることを日々に私は感じています。

以上をがんばることができる人は、

「サイのように心配せずに直進して行きなさい」

と釈尊が断言されています。心配せずに直進することが、天国への最短の近道だということなのです。自ら迷って遠回りをすることがないように、今日も心配せずに目の前のことをがんばりましょう。

9　自分自身を信じて大切にする人から幸運が来ます

（独自の訳）
すべてを捨てて出家《しゅっけ》（専門の僧になること）したからと言って、
心の不満が消えることはありません。
また、家庭生活（ある程度の欲を満たす）をしながらの修行者も、
同様に不満心が消えません。
社会の他の人々との「比較」をして、気にするがゆえの不満心を人は常に持ちます。
どんな交わり、集団の中に自分がいましても、自分一人で歩く覚悟を持ちなさい。
まるで一本角《つの》が立つサイのように一人で歩みなさい。

［原始仏典『スッタニパータ』　第一章第三節—四十三番］

（感想）

人は、こうなれば安心ができる、アレが叶えば安心する、などと今の生活の中で思うものです。結婚すれば安心する、就職できれば安心する、金持ちになれれば安心する、健康になれば安心する、離婚すれば安心ができる、試験に合格すれば安心するだろう、などと思うものです。

何かの「形」を入手すると安心ができると、人は頑《かたく》なに信じています。でも釈尊は、これを完全に否定しています。

出家したからと言って、何かが変わることはない。

何かの形が叶っても、「揃っても」、人は今と同じだということです。

人がそうなる原因が、「他人との比較から来る」と釈尊はおっしゃっています。

＊自分は健康ではないからダメだ（健康な他人と自分を比較）。

＊自分は貧乏だからダメだ（裕福な他人を見ている）。

＊自分は太っているからダメだ（痩せている他人と比較）。

＊自分には子どもがいないからダメだ（子どもがいる他人を見ている）。

人は、他人を見ては、他人と比較しては、自分の人生を決めつけているのが実態です。**他人の姿に左右される人生には、いつまで経っても真の自由が訪れることがありません。**いつまで経っても、何が叶っても、他人の生活という幻想が付いて回って人は安心ができないのです。

では、どうすればよいのでしょうか？

だからこそ、
どんな交わり、集団の中に自分がいましても、自分一人で歩く覚悟を持ちなさい。まるで一本角《つの》が立つサイのように一人で歩みなさい。
この心境を覚悟して、社会の中で楽しむことが、真に自分自身を安心の境地に導くということなのです。

自分自身に何か心配や、不安や、不満心がある時は、自分は他人との比較をしていないか？　と振り返ってみましょう。これをすることにより、
自分が何をするべきか？

どう思うべきか？

が見えてきます。

自分自身を尊重する気持ちを持ち、自分を大切にする人から真の安心が到来し始めます。

10 心で負けていなければ大丈夫

（独自の訳）

人は、すべての葉が枯れ落ちた黒檀《こくたん》（鉄のように硬い褐色の木）のように、スッキリといなければいけません。

世俗の中にいましても、家庭生活の苦労を表面に滲《にじ》ませていてはダメなのです。

家庭生活からの束縛《そくばく》がありましても、
ひょうひょうとして生きることが大切です。

どんな交わり、集団の中に自分がいましても、自分一人で歩く覚悟を持ちなさい。

まるで一本角《つの》が立つサイのように一人で歩みなさい。

〔原始仏典『スッタニパータ』　第一章第三節―四十四番〕

（感想）

世間では、「あの人は幸せそうに見える」「いつも楽をしているように見える」と言われる人がいます。はたして、その人の生活は本当に幸せで楽なのでしょうか？

その一方で、大きな家に住む裕福そうな奥さんで、いつも眉間《みけん》にシワを寄せて怒っているように見えてしまう人もいます。

はたして、どちらの生活に本当の楽があるのでしょうか？

この項で釈尊は、本当は生活が苦しくても、それを自分の表面に滲ませているようではダメだとおっしゃっています。これは自分が苦しくても、虚勢を張ったり、見栄を張れ、貧乏を隠せ、と言っているのではないのです。

「生（性）老病死」、人がコノ世に生きる限りは、必ず自分自身に不足が生じるような法則にできた世界なのです。だから、人それぞれに応じて、必ず苦労も不満も悩みもあるのが人間です。

それでも、自分の顔に苦労を滲ませているのは、**その苦労に自分自身が負けている**ということです。苦労に負けている間は、その苦労からはなかなか卒業ができないのも法則なのです。特に釈尊が生きた時代とは、生きること自体=苦渋の生活、でもありました。平均寿命は、現代の約半分でした。

※どんな苦労があっても、それを自分の表面に滲ませている間は、その転生（生まれ変り）は終わらない。

ということでもあります。どんな苦労が自分の家庭にありましても、それに束縛された風には見せず、ひょうひょうと生きたいものです。

ただし、**その苦労からは逃げずに、努力をしていることが条件です。**

この継続は、苦労の克服と、次の段階への改善を現実に起こすことでしょう。

会社では、独身のように小綺麗で楽しそうにしていましても、私生活では介護が必要な家族を抱えている女性もいます。大きな苦労が自分自身にありましても、それに負けていないのです。

やはりその継続は、包容力の強い観音様のような御顔への変身をしていかれます。

苦しさが自分の顔に出る間は、その苦労は継続するものです。

でも、何かが吹っ切れた時に、何かがスッキリと腑《ふ》に落ち、その苦労から「逃げる気持ち」が消えて行くものです。

そして改善と、次の段階へと進む変化が現実に起こるものです。


この項は、釈尊が示す「生きる方向性」として知っておいていただければ十分です。

苦しいものは苦しい。これは現実です。

でも、スッキリと生活するべきだという方向性だけを認識していれば、やはり本当に変わっていくものです。人生の羅針盤を「先に」知るだけでも、やはり無闇に絶望の中にいるだけとは天地の違いが後から生じます。

今日も自分なりに「明るく」生きましょう。これで良いのです。

11「一即多 多即一」（いっしょくた　た・すなわちいち）

（独自の訳）

もしも、

＊知恵があり、思いやりが深く、

＊自分と目的が同じであり、

＊正しく生きようとすることを自分の修行とする。

このような友人がいる場合は、どんな因果、困難も気にすることなく、

あるがままに自然に、喜んで共に暮らしていけばよいです。

〔原始仏典『スッタニパータ』　第一章第三節―四十五番〕

しかし、そのような同伴者を得られない場合は、

どんな自分の栄華や実績も気にすることなく、

どんな交わり、集団の中に自分がいましても、自分一人で歩く覚悟を持ちなさい。
まるで一本角《つの》が立つサイのように一人で歩みなさい。

［原始仏典『スッタニパータ』 第一章第三節―四十六番］

（感想）

前半の四十五番の項は、釈尊の教えを共に求めていくサンガ（組織）・仏教集団を形成していくことを釈尊が認めた、とする根拠の一つにされている項です。

「サイのように、ただ一人で歩け」と連呼する釈尊の教えなのに、どうして仏教集団ができたのか？ という大きな根本的な矛盾を説明する項だとされています。

でも、この問題は四十五番だけを読みますと「釈尊が集団になることを認めた」と解釈されがちですが、四十六番を読みますと、釈尊の真意・深意が見え始めます。

この二つの項を続けて読みますと、

＊自分と同じような志《こころざし》・目的を持つ知り合いがいれば、共に歩んでも別に良いよ。

※でも、そういう知人が自分にいなければ、無理は不要です。自分一人で歩いて行けば良いんだよ。

つまり、この二つの内容に共通する内容は、釈尊が**「自然でありなさい」**とおっしゃっていると、私は感得します。

自分と似た方向性の他人がいる場合は、その人を無理に拒絶して自分一人でいようとすることも自然ではない。そこに無理がある。自分の執着がある。

もしそういう人がいれば、「自然に」共に住む流れになれば、それも良いということです。

そして、もしそういう人がいなくても、別に気にすることはなく、自分一人で生きれば良いということです。

釈尊の教えの根本は、とにかく、「天上天下《てんじょうてんげ》　唯我独尊《ゆいがどくそん》（宇宙には、たった一つの存在しかいない。自分自身も、その一つの中の一部に過ぎない）」ということに変わりはありません。この基本の上で、コノ世で生きるには前記の二つのパターンの内、どちらでも自然になるほうで良いということです。

だから、「釈尊が集団を認めた」と解釈をしましても、あくまでも「唯我独尊」を忘れてはいけません。


全体で一つ。自分一人であっても、宇宙一つの中に、内側に、自分がすでにいること。

「一即多 多即一（いっしょくた た・すなわちいち：華厳経《けごんきょう》の中の言葉）」。
※一つであるが、無数（一人の人間は、無数の細胞から成り立つ）。
※無数であるが、全体で一つ（無数の細胞は、全体で一人を形成する）。
この法則が、コノ世のすべてに貫徹しています。家庭でも、会社でも、国家でも、地球でも、すべてが「一即多 多即一」です。


この二つの項を観ましても、やはり釈尊とは偏狭な変わり者・堅物では決してないのです。愛情に満ちた自由な御方です。

現代に生きる私たちのほうが、「こうであらなければいけない」という呪縛にかかっているると感じます。

この話で覚えておいて欲しいことは、「一即多 多即一」。

この視点で、日常の雑多な揉め事、悩み、仕事を見て欲しいということです。
すべては慌てないこと。なるようになります。
ただし、自分なりの最善を尽くす努力を常にしていることが絶対条件です。

12 どんな人でも、自分自身であることが最高です

（独自の訳）
何でも完璧にこなす、素晴らしく優秀な人を友人に持てることは良いことです。
自分よりも優秀な人に近寄ることは賛成します。
しかし、そんな人を友人に持てなくても問題はありません。
自分なりに真面目な生活をして楽しめばよいです。

［原始仏典『スッタニパータ』第一章第三節―四十七番］

でも、工芸作家が見事な細かい細工を施《ほどこ》した、
二つの黄金の腕輪を同時に一つの腕にはめて、
それが激しくぶつかり合い、ガチャガチャと音を立てる様をよく見ておきなさい。
これをよく見たならば、
どんな交わり、集団の中に自分がいましても、自分一人で歩く覚悟を持ちなさい。
まるで一本角《つの》が立つサイのように一人で歩みなさい。

〔原始仏典『スッタニパータ』 第一章第三節―四十八番〕

（感想）

四十七番で釈尊は、
＊とても優秀な人を友人にすると良いぞ〜。
＊でも、そんな人がいなくても気にするな。自分一人で歩いて行きなさい。
と言いながら、次の四十八番では、
＊二つの凄い金細工のブレスレットを同時に一つの腕にはめれば、激しくぶつかり合う。

お互いに傷つく様をよく見ておきなさい。

＊それを見て、よくわかったならば、自分一人で歩きなさい。

と言われています。

以上の二つの話は、「優秀な人たち＝二つの美麗なブレスレット」と解釈しますと、釈尊が言わんとすることが見えてきます。

一箇所に（一つの腕に）優秀な人間ばかりが集まっても、衝突が起こるものだ。自分も優秀にならないとダメだと思うな。優秀な友人とは違っても、自分なりで良いのだ。だからこそ、優秀な友人も、あなたと合うのだよ。

コノ世は、凹凸《でこぼこ》同士が集まるからこそ、うまく行く世界のようです。強い国同士ばかりが集まりますと、戦争が起こり、すべてが滅びます。弱い国が中間にいるからこそ、全体が無事に流れて行くのです。

一つの会社に優秀な人ばかりが集まりますと、内部競争が起こり、何も進まなくなり、意思統一もできず、会社全体では落ちて行きます。他社にも負けます。緩衝材《かんしょうざい》となる中間層の人がいる御蔭で、優秀な人に対して他者が一つとなって従う流れができるのです。

色々と凹凸のある夫婦のほうが、離婚しないかも知れません。

つまり、優秀な友人がいても、自分は優秀ではないからと卑下するなと釈尊は示唆します。

優秀な友人が安らげるのは、友人を支えているのは、実はタイプが違う自分かも知れません。優秀な友人にとっては、共にいて安心できる必要な存在が自分であり、だから友人なのです。

でも、さらに大きく見て、友人がいようが、いなかろうが、他人がぶつかり合う様をよく見ておけと釈尊は言われています。それを見てよく懲《こ》りたならば、自分一人で嬉々として歩く覚悟を根底に持つことが人には大切だと示唆します。

今の自分がどんな人間であっても、やはり最高なのは自分自身なのです。

自分にとっての最善は、「自分は自分であること」です。

他人の風景を見ては悩むな！　ということです。

13　後から自分が心配しないために

（独自の訳）

他人と二人でいる時は、何でも過剰に詳細を語り過ぎるものである。
後からこれが、未来において恐怖するべき災いをもたらす可能性を熟慮しておきなさい。
だから、
どんな交わり、集団の中に自分がいましても、自分一人で歩く覚悟を持ちなさい。
まるで一本角《つの》が立つサイのように一人で歩みなさい。

［原始仏典『スッタニパータ』第一章第三節―四十九番］

（感想）

読者からの相談に実際にあることなのですが、
＊同僚に自分の特殊な家庭事情を話しすぎた。他人に漏らさないか心配です。どうすれ

ばよいでしょうか?

＊酒の席で、自分が昔にしたイタズラを思わず話してしまった。警察に通報されないでしょうか?

このような心配事を、中には話してから数年が経過していましても、真剣に何度も相談する人がいます。近年は、このような人が増えていると思います。人間は、自分の心が弱った時に、過去に自分がした発言を思い出して心配するようです。

現実には、このような済んだ会話は、録音がない限り心配は不要です。問題はないです。今の社会では、録音がされていたとしても、法的に拘束力を持たせるには、金をかけて弁護士を雇ったとしても、難しいものだと私は考えます。

まず、そんな暇人はいませんから大丈夫です。

問題は、釈尊が二千五百年も前にすでに指摘をされていることです。

「他人に何でも話しすぎるな!　後から心配することになるぞ」

とおっしゃっています。

普通の解釈では、自分が話したプライバシーが、後から災いを呼ぶという「話の内容」の指摘だと思われることでしょう。

でも私の感応では、その話の内容はまったく問題ではなくて、

＊自分で後から心配して、自分自身を後悔して心配すること。

＊生活のすべてにおいて、これもあれもアノ話からの嫌がらせだと結び決めつけ、自分で被害妄想に陥《おちい》ること。

＊つまり、話の内容は問題ではないのに、自分の猜疑心《さいぎしん》がすべてを自ら破壊することになる災い。

＊中には、自分が話してしまったという心配心から仕事を辞めてしまい、無職になってますます病む人も。

つまり、自分の心配心から**「自分で自分自身を破壊する災い」**を釈尊が指摘されていると私は解釈します。

二千五百年を経過しましても、人間が心配心に落ちる盲点は、まったく変わらないようです。

❊自分で自分自身を心配心から破壊しないために、他人には余計なことを話すな。
❊いつでも、自分一人で淡々と歩いて行く覚悟をしていなさい。これが逆に、**他人と良い交友ができる秘訣なのです。**

このように釈尊がおっしゃっていると感じてなりません。

今日からは他人と話すプライバシーは、ほどほどにうまくかわして、後から自分に心配心が起こらないように生活をしましょう。
これが、自分自身に明るくムダな心配のない生活をプレゼントしてくれます。

第一章 第三節 その二

真理を学ぶには、素直で、柔軟で、謙虚であること

1　ほどほど、中間を意識する人は強い

（独自の訳）

人の欲望には、

多種多様な対象（他人・品物・金銭・地位・性交・食品・博打《ばくち》……）があります。

それらへの欲望は、甘い快楽感を自分にもたらしながら、

色々な形で自我（ワレヨシ）の欲望の火を喚起します。

自我の欲望の火は、巨大化するほどに自分の心を乱し、

後で後悔することや、不幸を自分にもたらします。

このことをよく知っておきなさい。

どんな交わり、集団の中に自分がいましても、自分一人で歩く覚悟を持ちなさい。

まるで一本角《つの》が立つサイのように一人で歩みなさい。

［原始仏典『スッタニパータ』第一章第三節―五十番］

（感想）

人は、欲望を満たせば「満足する」と思うものです。しかし、その欲望を満たせば、本当にそれで終わるのでしょうか？

現実には、人は自分の欲望を満たした後に、時間が経てばより大きな欲望を求めるパターンがあります。結局は、欲望の火はいつまで経っても収まることがなく、時間が経つほどに巨大化し、切りがないのです。

これに気づいた時は……すでに家族を不幸にしていたり、自分が罪を犯していたりとするのも人のサガ（ワレヨシな自我）です。パターンなのです。

だから釈尊は最初から、

※この理（ことわり：法則）を知っておきなさい。

としています。

この法則を自分が知っておいた上で、自分の好みの欲望を楽しみますと、やはりブレーキがかかるものです。その欲望のために、自分の生活を壊すまで進むことはありません。

❋欲望は、満たしても終わらない。より大きくなる。そういうものだ。

という認識の上で、自分なりに欲望を楽しむことが大切です。

欲望に呑まれてはいけないのです。欲望に呑まれることは、自分が自分自身の欲望に負けたことになります。


では、欲望を満たそうとすることがムダなことならば、最初から一切の欲望を我慢すれば、人はどうなるのでしょうか?

自分は我慢した、という「飢餓感の欲望」だけが増大するのも人間なのです。

人の心とは、なんと難しいことなのでしょうか。

これに対する釈尊の答えは、
❋中道《ちゅうどう》（真ん中）を心がけなさい。
❋何でもほどほどで良い。
ということを示されています。
これが終わりのない自分の欲望を制御する一つの答えです。でも、中道なんて何かつまらない、と人は思うかも知れません。

しかし、例えば投資についても、「引き際を知ること」。この駆け引きを知る者が、結局は大きく勝つのです。人生も、押すばかりではダメになります。周囲が離れていきます。押したり、引いたり、ほどほどの中間を意識する者が残っていきます。

以上の話は、人生の何についても言えることですから、皆様の生活の参考にしていただければ幸いです。

2　最悪想定が無難にしてくれます

（独自の訳）

自分が求めるどんなものも（家族・子ども・仕事・財産・家・健康……）、その中には自分自身を脅《おびや》かす災難を同時に含んでおり、渇望《かつぼう》があり、病魔であり、悪性の腫瘍《しゅよう》であり、最悪でもあり、後から効く毒矢であり、恐怖の対象なのです。
このように自分の欲望の対象には、
常に恐怖するべきことが付き物であることを覚悟しなさい。
だからこそ、
どんな交わり、集団の中に自分がいましても、自分一人で歩く覚悟を持ちなさい。
まるで一本角《つの》が立つサイのように一人で歩みなさい。

〔原始仏典『スッタニパータ』 第一章第三節―五十一番〕

（感想）

自分の子どもが犯罪をおこないますと、「うちの子に限って……」という思いを持つ親は多いと思います。子どものことを信じて、愛していれば当然の反応かも知れません。

または、
私の旦那が浮気するなんて……。

あの会社が倒産するなんて……。

元気だった自分が悪性腫瘍なんて……。

釈尊が言われるには、自分にとって非常に大切なモノが、ある日から突然、
*大きな災難に変わる。 *それが欲しくて狂う対象に変わる。
*自分にとってのガンに変わる。 *病気の原因になる。
*後から効く毒に変わり、恐怖すべき対象、最悪なモノになる。
このように成り得ることを、最初から覚悟をしていなさいと釈尊は示されます。

もし自分の子どもが優秀な良い子だとしても、最初から、どんな人間にもある日から変わる因子が必ずある、という覚悟をしていた親は、「うちの子に限って……」という言葉が出てこないと私は思います。それどころか、悪くなることも覚悟をしていた親の子どもは、逆に悪事をせずに良い子が継続すると私は思います。

なぜでしょうか?

普段から子どもの変化の前兆サインを見逃さずに、細かい軌道修正を子どもに対して働

きかけるからです。良い子のうちから、常に最悪にも成り得ることを覚悟していますから、**きちんと事前対応が可能になります。**

ところが、「うちの子に限って……」と思う親は、最初から「有り得ない」と思って生活していますから、子どもの変化を見逃して対応が遅れることになるものです。

すべてを俯瞰《ふかん》（高い上から見渡す）して見通す釈尊とは、やはり抜け目のない御方です。幸福な普段から最悪を覚悟していれば、幸福は維持されるものだと示唆《しさ》されています。

でも、コノ世はそれでも戦争などにより避けられない最悪が来ることもある世界です。個人では何も対応ができない災害も起こり得ます。

では、どうすればよいのでしょうか？

そして次に、最後は、だからこそ、

❊人は生まれたならば、サイのように一人で突き進む覚悟でいなさい。

❊サイのように、何事にも負けずに最後まで前のめりに静かに沈んでいけばよいのだ。そうすれば涅槃《ねはん》（天国）に行く。

という最後の救いを釈尊は示します。

一人で裸で生まれ、何も持たずに裸で一人死んで行く。
これ以上でも、これ以下でもなし。
だから、何を悩む必要があろうか。
行け行け、サイのように！
ということなのです。

3　人が苦労する内容も、時代により変化と進化をする

（独自の訳）
寒さや暑さにさらされること。
飢餓感や喉の渇きに責められること。
強風に吹かれ、日光に照りつけられること。

蚊に血を吸われ、蛇に身体《からだ》の上を這《は》われること。
これらすべてに耐えて克服しなさい。
そして、どんな交わり、集団の中に自分がいましても、自分一人で歩く覚悟を持ちなさい。
まるで一本角《つの》が立つサイのように一人で歩みなさい。

［原始仏典『スッタニパータ』 第一章第三節―五十二番］

（感想）

これを現代社会に置き換えますと、
寒さや暑さ……家庭や会社の中で、自分が置かれる精神的な環境。
飢餓感や喉の渇き……自分の収入・財産の有無。
強風や日光……他人からの風当たり。
蚊や蛇の害……他人から心身を害されること。

このように言い換えることが可能に感じます。二千五百年前に人間の生死を左右した問題は、現代ではそれを克服する環境にあるために、現代社会に合わせて言い換える必要があります。

釈尊がこの項で言われた最初の示唆《しさ》は、どの時代でも言い換えることが可能になる例えです。その本質の意味を継承することが可能になるように、予見されて使用されていることを感じます。

釈尊は、未来の時代に合わせて言い換えられることまでを知っていたと思われます。やはり釈尊が使用された言葉は、一見は平易な言葉に思われましても、一切のムダがない深い意味が込められています。

二千五百年前の環境では、自然界におけます四つの困難により、やはり多くの人が死んでいると思います。しかし現代でも、前記の四つの社会問題により、自殺する人が後を絶ちません。

大昔の大自然による死＝今の社会問題による自殺死。

つまり、どの時代におきましても人が死ぬ問題が必ず存在し、その原因だけが変わっていくと言えます。

では、今から二千五百年後の未来社会では、人類は何により死んでいくのでしょうか？おそらくガンなどは完全に克服されており、病気で死ぬことがなくなっていることでしょう。でも必ず、未来には未来における何かで死ぬ問題が存在していると思います。

それは意外にも、

＊他人のためになることを、一定期間内にしないと死ぬ病気。

＊他人に愛情や思いやりを出さないと、自分が死んでしまう病気。

＊何かを育てないと、自分が死ぬ病気。

つまりガンやウイルスなどで人が死ぬ時代は終わっており、「他人への奉仕の有無」「心の問題」で生死が決まる時代が来ると、私は感じます。

人が神仏に向かって進化するとは、こういうことではないかと感じます。神仏はいつの時代でも、育てる一方の存在です。

ただし、どの時代にも未来社会にも貫徹する最高の思いは、「**感謝をする気持ち**」、これであると私は信じています。

未来社会では、いったい人は何によって死んでいくのか？

最終的にはアノ世が消えて、コノ世だけになるために不死に至るのか？

これを想像するだけでも、人が長く大きな視点を持てるためのヒント、人が今の時代をより良く生きるためのヒントがあると感じます。

4　安心感を心がけることが大切

（独自の訳）

象の中でも、肩の筋肉が大きく盛り上がり、皮膚には蓮華《れんげ》の花のような桃色の斑点が咲き、見事に巨大に成長した象は、群れから離れて、独りで自由に森の中を生きて行くことが可能になります。

だから、どんな交わり、集団の中に自分がいましても、自分一人で歩く覚悟を持ちなさい。

まるで一本角《つの》が立つサイのように一人で歩みなさい。

［原始仏典『スッタニパータ』第一章第三節―五十三番］

（感想）

この項の意味することは、

＊自分自身が強くならないと、自由に、楽しく、生きて行くことはできない。

ということです。

決して肉体の条件の話ではなくて、自分の心が強くないと、

＊人は真から自由にはなれない。

＊人生を楽しむことはできない。

ということです。

では、心が強い、とは何なのでしょうか？

強気に出れば、それが心が強いことなのでしょうか？

私には、それはカラ元気の強がりにしか思いません。これでは後から、さらに心が寂しく落ち込むことになります。

心が強いとは、安心感だと私は思います。

そして、いつも静かな微笑みを持つ人が本当に強い人です。

逆に言えば、いつも他人の陰口、悪口を言う人は、寂しい人であり心が弱い人である証拠です。常に、悪口を聞いて共感する「他人が必要」です。トイレに行くのも他人と一緒を好むタイプかも知れません。

こういう段階の人は、いつまで経っても安心することができません。安心ができないということは、幸福にはなれません。

自分の心が安心していれば、他人を祝福する気持ちが出ます。他人を素直に祝福する気持ちは、自分自身への祝福となって反射をします。やはり、幸運が向こうから勝手に来てくれる人になります。

幸運とは、自分で呼ぶものではありません。**幸運さんのほうに選択権があることを、**忘れないでください。**幸運に好かれる自分であることが大切なのです。**

幸運は、その人の安心感、他人を祝福する心に寄って来ます。まるで匂い立つ花に寄る蜜蜂のように、幸運のほうが人を選んで来るのです。

オマジナイで幸運を呼びたがる人には、幸運の蜜蜂は嫌な危険を察知して逃げて行くのが真相です。オマジナイの背後は魔界です。
だから、幸運の蜜蜂に寄っていただく自分でいるためにも、
❊静かな微笑みを意識すること。
❊何をおいても安心感を心がけること。
❊他人を祝福する気持ちを持つこと。
これを知っておいてください。

でも、自分に心配事があれば、とてもこのようには思えないと感じるものです。

しかし、**「人は、自分が意識するものになる」**という法則も知っておいてください。

悩みへの直接の悪戦苦闘をするよりも、冷静になって前記の三つを意識することで、心がけることで、その悩みへの知恵が浮かぶかも知れません。悪い流れが変わるかも知れません。

つまりは、この三つのほうが解決への近道だったということもあるものです。

もし周囲に、三つの要素を持つ御方がいれば、その人は真に強い人かも知れません。

人生を自分で楽しむことが可能になります。

5　目覚めへの最短・最善の道

〈独自の訳〉

宗教的な集会を楽しむ人が、そこで学ぶ人が、

本当に正しい真の悟りの境地を一瞬たりとも体験することは有り得ません。

太陽の王家から来られた幾多のブッダ（真の覚者）たちが残した言葉を、

ひたすら考えながら生きなさい。

だから、どんな交わり、集団の中に自分がいましても、自分一人で歩く覚悟を持ちなさい。

まるで一本角《つの》が立つサイのように一人で歩みなさい。

［原始仏典『スッタニパータ』第一章第三節―五十四番］

〈感想〉

この項は、「釈尊が本当にこんなことをおっしゃったのか?」というほど斬新《ざんしん》な内容・

情報があります。

釈尊が悟りに至った過程にも、集団で学んだことは一切ありません。そのすべてが、単独での苦悩の連続から求道に至りました。

苦行が必要と聞けば、死ぬ寸前まで一人で苦行に打ち込むが悟れず。人は苦行では悟ることができないと思い知ります。最終的には、働く女性から受けた慈悲を切っかけとして、大いなる宇宙の母性との一体感に至ります。

本当に苦労している最中の人間は、他人からの何気ない思いやりの言葉一つにも敏感に反応して、涙をボロボロと流すものです。死にかけた釈尊の乾いた心には、他人からの思いやりの一杯の乳粥が、すべての殻《から》を破壊する刃物のように心の奥へと響いたのでした。

そして、「天上天下《てんじょうてんげ》　唯我独尊《ゆいがどくそん》(すべては大きな一つだった)」の境地に釈尊は入りました。

集団でいることに安心・安住していれば、自己の中に注意を向けることがありません。外在する他人や物ばかりを信仰して、内在する真の宇宙から離れるばかりとなります。悟ることは不可能です。

そして、この項での新たな情報は、
＊真の覚者は、太陽の王家から来ている。
ということを釈尊が示唆していることです。

釈尊こそは、コノ世で現実的に釈迦族の王家の出身なのですが、当時の釈迦族の別名が「太陽の子孫」「太陽を信仰する者たち」という意味でした……。

ただ、ここまで具体的に真の覚者の条件ともなる出自を明記されますと、この項は後世の弟子の加筆である可能性を思います。

もし、そうであるならば、釈尊の教えを信仰する当時の集団（サンガ）の様子をこの項から推察することができます。他の信仰集団とは一線を画する、あくまでも「単独者」の集合だったという示唆です。

私が持つ印象では、釈尊の教えを守る当時の仏教集団は、早朝から午前中一杯を生きるために近隣でアルバイトをして生活する集団だったと感じています。他人からの施《ほどこ》し、寄付だけで安住することを嫌い、あくまでも仕事も大切な修行だったのです。

つまり、集団の外へ働きに出る作務《さむ》をしていたわけです。これは、今の日本の禅宗にも見られます。午後からは、様々な形で内省（自己を深く省《かえり》みる）し、釈尊の発言を振り返る生活だったと感じます。

今日も自分の家庭を、職場を、自分自身を内省するための修行場としてがんばりましょう。これが目覚めるためには、一切のムダが生じない、最短の道なのです。

6 釈尊の真意が伝わる翻訳とは？

（独自の訳）

宗教的な集会を楽しむ人が、そこで学ぶ人が、本当に正しい真の悟りの境地を一瞬たりとも体験することは有り得ません（前項「目覚めへの最短・最善の道」より引用）。

前項で、このように訳しましたところ、

「宗教的な集会、とするのは間違いではないか?」

というクレームのような指摘をいくつもいただきました。その指摘の理由が、日本の仏教学者の大御所による『スッタニパータ』の日本語訳では、「集会を楽しむ人」となっているから、でした。

私が「宗教的な集会」と限定・指定した訳をしましたのが、よほど気に障るのか、気に入らないのか、何か困ることでもあるのでしょうか?

『スッタニパータ』は世界中でパーリ語から英語に翻訳されています。英語でインターネット検索をするだけで、数多くのパーリ語原典と英語の両方の研究サイトを閲覧できます。

私は毎回、特定のサイトを決めずに、パーリ語と英語の両方を眺めて浮かんでくる光景を日本語にする独自の翻訳をしています。

他者の日本語訳を意識することは、一切ありません。

あくまでも、私の個人的な意見・私見です。

だから「独自の訳」であり「柔訳」なのです。

日本の大御所の翻訳本を入手して見ましたところ、翻訳の本文ではなくて、その注釈として、「この項は、独覚（独りで悟りを開く人）の実践する道を教えている」とわざわざ記されていました。この注釈は、「集会」がただの町内会や何かの集会などではなくて、求道・信仰に関する集会であることを暗に示唆していると、私は感想を持ちました。

本文に「宗教的な」を付けますと、私が受けたような反発が世間から来ることを恐れたのではないのでしょうか？ やはり本にする時は、クレームが来ない無難な翻訳にするのが人情です。つまり、大御所でも本当のことを踏み込んで書けないことがあるのではないか？ と、私は思います。

でも厳密に言えば、それで良いのか？

釈尊の真意が正しく伝わるのか？

という問題があると思うのです。

常識的に考えてください。これは仏教の原点である釈尊の言葉です。

近所の集会を楽しむな、何かの集まりを楽しむな、こんなことを求道・真の信仰の指南書である『スッタニパータ』で、わざわざ言いますか?

しかも毎回の項の最後に、

「だから、どんな交わり、集団の中に自分がいましても、自分一人で歩く覚悟を持ちなさい。まるで一本角《つの》が立つサイのように一人で歩みなさい」

と指摘されていますように、**この「集会」はただの集まりではなくて、精神的な求道・信仰の「集まり」であると解釈するのが無理がない、妥当だと私は思います。**

この場合の「集会」が何を指すのか?

私の翻訳を強要する意図は一切ありません。皆様の自由に、自己判断していただくのが最良です。

宗教的な集会を釈尊が否定していた。

これは、確かに現代社会では衝撃かも知れません。

でも、**釈尊が死に際、入滅《にゅうめつ》される前まで言われていた願い、**

※自灯明（じとうみょう）：他者を頼らず、自分自身を拠《よ》りどころとしなさい。自分自身に知恵の光を灯《とも》し、暗い先行きを照らしなさい。

※法灯明（ほうとうみょう）：他者よりも、真理を頼りなさい。コロコロと変わる生きる他人よりも、一定不変の真理を求め、真理を拠りどころとしなさい。

つまり釈尊は、他人を無闇に信じないで自分自身を信じなさい、自分で自信（自神）を持ちなさい、ということを最期まで繰り返し言われていました。

この釈尊ならば、「宗教的な集会・寄り合いを楽しむな！」とは、いかにも言いそうなことだと私は思います。

以上はあくまでも仏典の考察の私見であり、宗教的な活動を妨害する意図は一切ありません。皆様の、自分に応じた、求道が最善だと思います。ご自由に、自分の信じる道を進んでください。

7「私は他人から何も学ぶ必要がなかったのだ」

〈独自の訳〉

様々な宗教を体験して、それで自分が変わらないことを思い知ること。色々な宗教的な内容・教理を他人と論争しても、何の意味もなかったこと。それを超えて、「自分自身を見つめる」という正しい道に人が至った時、「私は他人から何も学ぶ必要がなかったのだ」という真の悟りへの知恵が生じます。だから、どんな交わり、集団の中に自分がいましても、自分一人で歩く覚悟を持ちなさい。まるで一本角《つの》が立つサイのように一人で歩みなさい。

［原始仏典『スッタニパータ』 第一章第三節―五十五番］

〈感想〉

もう、さすがは釈尊！ とうなるしかない項です。これを二千五百年も前に、すでにおっしゃっていたのです。人類が辿《たど》るパターンを、しかも悟りに辿り着く過程を、短文で見事に表現し看破されています。今の社会でも、いまだに起こっている信仰の問題です。

自分のこと以外を信じるという信仰は、
＊どんなに感動しても、
＊その内容で他人と論争しても、
＊家族との時間をムダにして懸けても、
＊それで半世紀が経っても、
自分自身は何も変わらなかった。成長しなかった。ましてや、悟りに行き着くことはないのです。人生の時間の大半をムダにする経験をしてから、やっと、
＊本当に大切なことは、自分の心の中に在ったのだ。
＊家族との時間が大切だった。
＊心の問題、信仰については、他人から元々学ぶ必要はなかった。
ということを、賢明な「一部の人だけ」が気づけます。痛い思いを経験してから、気づける人です。まだマシな御方です。

大半の人は死ぬまで気づけずに、自分自身を見ずに、他人を信仰するままで終わります。そして死後に目覚めた時に、ムダにした今生を後悔します。

人が死んで霊体に戻った時に、コノ世で自分が信仰していた先生様が、蛇やタヌキや、キツネのような「根性」「性（サガ）」の姿をしていることに、アノ世で仰天します。誰もが認識できます。霊体の視点では、もう明らかに他人の本性が見えるのです。

人間は欲心と自我（ワレヨシ）により、誰もの霊体が水面下では、生きながら簡単に変化をしていくのです。コノ世には菩薩の霊体の人間もいれば、蛇やキツネも、特にタヌキはたくさんいます。まさに動物ランドでもあるのがコノ世の真相です。

でも、どの人の心の奥にも、間違いなく内在神（真の根源神）が実在されています。つまり、人の自我が、色々な形象《けいしょう》に変化を起こすのです。

真から人が改心すれば、その人の霊体は人の形に戻ります。

この項で肝心な、「私は他人から何も学ぶ必要がなかったのだ」。

これは、あくまでも信仰の視点での限定の話です。コノ世での仕事や、勉強は、素直に先生や上司から謙虚に教わることが非常に大切です。

心の問題については、
※他人の心の改善パターンが、自分に合うとは限らない。千差万別《せんさばんべつ》なものであること。
※自分の良心（真我・内在神・本当の自分）が、すべての宗教の本質・何が正しいのか、をすでに知っているのです。

つまり、自分の心が知っているが、「思い出せない」のが真相です。
悟りとは、これに気づく瞬間でもあります。痛い思いを経験してから、色々なことに人は何度も「気づき」始めます。

ただ少ないですが、中には最初から痛い思いをしなくても、他人への信仰に引っかかることなしに、自分の心を見つめることができている人もいます。
そういう人は、悪徳な宗教や有料先生との縁もできずに、社会の中で良い地位にまで行かれる人が多いです。もう直感で、無意識に有害な有料先生を避けて、正しい道を自分で歩きます。

しかし、信仰もバカにして、自分を見つめて反省することもない人は、論外です。来世は、自分の苦悩から他人を信仰して騙される経験をしてから、自分自身を見つめる道に気づければ幸いです。でも、これでは非常に気が遠くなる話ですね。

今日も、生活の中で自分の心を静観しながら、目の前のことに没入しましょう。人は、何も考えない時間は、心身の生命力が漏電せずに充電されています。これを知っておきましょう。

8　ここで、釈尊の人生、時代背景を考えてみましょう

釈尊の生の言葉を残した原始仏典を古代パーリ語から日本語に訳すにあたり、有名な仏教学者同士でも大学・学閥が違えばいかに内容も、訳文のボリュームも変わるのかを、前項を例に見ていただきたいと思います。

まずは私の柔訳の一部
「様々な宗教を体験して、それで自分が変わらないことを思い知ること。色々な宗教的な内容・教理を他人と論争しても、何の意味もなかったこと。それを超えて、」

この部分の他の学者の訳
(1)「相争《あいあらそ》う哲学的見解を超え」
(『ブッダのことば　スッタニパータ』中村元訳　岩波書店)
(2)「様々な宗教的ドグマ(教義)という邪路迷路を悪戦苦闘して通過してきて」
(講談社学術文庫『スッタニパータ[釈尊のことば]全現代語訳』荒牧典俊、本庄良文、榎本文雄訳　講談社学術文庫)

(1)は、東大の有名な原始仏典の研究者である大御所の訳です。非常に短い一行で訳されています。この訳だけを参考にして、私の二行にわたる柔訳を見ますと、私の個人的な主観が過剰に入り過ぎた訳だと思われる人がいるかも知れません。
ところが京大出身の大学教授三名の共訳である(2)は、「様々な宗教」「ドグマ」「**邪路迷**

路」「**悪戦苦闘**」「通過してきて」という語意をもって訳されています。

この（2）の訳と、私の柔訳の表現するところは同じだと思います。つまり（2）は、原文の持つ微妙な意味合いまで忠実に表現されたと思います。

これを見れば、私の柔訳は決して原典を大きく意図的に外したわけではないことをわかっていただけると思います。

読者の中には、私が宗教に対する悪意的な非難を意図した訳をしていると思う方もいるかも知れませんが、決してそうではありません。原典が意味する基本は絶対に外していない柔訳（個人的な訳）であることを明言しておきます。

（1）の訳は、「相争う」「哲学的見解」という二語をもって意味を含ませています。でもなかなかこれだけですと、その指す内容をよく理解しないで軽く通過される人が多いかも知れません。

（1）の訳者は、非常に「優しい」「愛のある御方」だと思います。私の空想ですが、この御方は過去生において、釈尊亡き後のインドのサンガ（仏教集団）において、仏典の編纂《へんさん》に関わった一人だと感じています。つまり魂の履歴的にも、東大の仏教学者になるにふさわしい御方に思います。

亡き漫画家の手塚治虫《てづかおさむ》さんは、釈尊の直弟子、しかも十大弟子の一人・舎利弗《しゃりほつ》だった過去生を私は感得します。非常に頭の良い冷静で優しい人柄だったことを思います。

宇宙の真理、輪廻転生、無常をテーマにした『火の鳥』、釈尊の実像に近い『ブッダ』などは、特に手塚氏の過去生が大きく反映した作品だと感じます。

つまり、二千五百年前の釈尊の教えは、東方の楽園・日本でこそ華が開いたとも言えます。

この釈尊の言葉を訳す場合は、原典の言葉だけを見て訳すと本筋を外すと思います。訳す場合は、釈尊が辿《たど》られた人生でされたことを忘れてはいけません。

釈尊こそは、仏教以前にインドで古代から隆盛していたバラモン教（カースト制度という深刻な差別階級を生んだ）の行者たちと、激しい論戦、死闘を繰り広げた御方だったのです。

当時のインドでも、悪徳な行者たちが金銭を得るために、低層階級の女性たちを食い物にして騙《だま》し、除霊を言い訳にして好き放題をしていたのです。これと同じ転写が、二千五百年を経ても今の日本にもあるのです。

私が仏典を柔訳する内容に、悪徳な集金宗教や有料先生への「個人的な非難の思いが強すぎる」、「意図的な訳である」というコメントを寄せる人もいます。

しかし、当時の釈尊の行動と言葉は、もっと激しいものだったことを当時の世相を研究して知るべきです。釈尊を殺そうとしたダイバダッタとの相克《そうこく》が仏典に登場しますが、実際はもっと多かったのです。

この転写の一部を受けたのは、後世の日本の日蓮さんであり、それゆえに神道以外のすべての宗教の道場破りに日参し、激しく闘争したとも言えます。

「人類は同じことを繰り返している」ということを知り、そろそろこれを卒業するのが今の時代だと知っておきましょう。

9　理由もなく「正しい」他人を非難したい自分の気持ちに注意

（独自の訳）

ワレヨシなドン欲になることがなく、

普段にイラ立つことがなく、

自分勝手な欲望を持たずに、

正しい他人を非難したくなる気持ちが自分にないこと。

自分の激しい性（サガ）による欲情や悪事をしないこと。

このような悪い自分のサガを霧散させて、

社会全体で自分が認められたいという願望が消えた人は、

どんな交わり、集団の中に自分がいましても、自分一人で歩く覚悟を持ちなさい。

まるで一本角《つの》が立つサイのように一人で歩みなさい。

［原始仏典『スッタニパータ』　第一章第三節―五十六番］

（感想）

この項で特に気になる一行は**「正しい他人を非難したくなる気持ちが自分にないこと」**。真面目な人や、正論ばかり言う人、このような他人を非難をしたくなる気持ち。正しい他人をイジメたくなる気持ち。このような気持ちを自分自身が持つ時の心境・環境とは、いったいどんなものなのでしょうか。

正しい他人をイジメたくなった時の心境とは、

＊自分が間違っているのは薄々わかっているが、モヤモヤとした自分と他人への非難が消えない。

＊自分の私生活が不満だらけで、満たされていない。

＊恥ずかしい自分がいることがわかっているが、どうしても他人には攻撃的に出てしまう。

これはまるで小学生の男子が、好きな女子にイジワルをして自分に気を引きたい心境に似ています。なぜか、人のサガは逆をしてしまうのです。これが大人になっても、人のサガとして誰もの心の根底に潜んでいます。

社会人になりましても、
＊自分が会社を首になることがほぼ決まっている場合、周囲の順調な社員に対して自分が理不尽だとわかっているが腹が立つ。
＊仲の良い女友達の婚約者が、凄く裕福でイケメンだとわかると、なぜか素直に祝う気持ちになれなくて、そんな自分も嫌になる。
＊子どもと仲の良い近所の同級生の友達が成績優秀で一番だと、親の自分が変に意識してしまう。
＊駅周辺でホームレス生活をしている人が、寒い師走の夜に忘年会で酔って浮かれている会社員を見た時に、何を思うのか？

人は、自分が満たされない時に、寂しい時に、他人を非難したくなるサガがあるということです。

でも釈尊は、このように思う間はダメだとおっしゃっています。
＊このような心境が自分から消えた時、

※自分が困難な状況でも、どんな他人も心から祝福ができる「素直な」心境になれた時、
※その人は、一本角のサイのように自分の求道を進みなさい。涅槃《ねはん》（天国）に至る心になれる可能性がある。

とおっしゃっています。

人の心とは、なんと複雑であり変化をするのでしょうか。まさに宇宙です。だからこそ、わざわざコノ世に生まれて来て、自分で求道する意味も価値もあるのです。

誰もが自分の宇宙を完成させるために生まれています。

今日も明るくがんばりましょう。

10　悪い話を聞くことも因果を生みます

（独自の訳）

悪い遊びや物事（不倫、薬物、バクチ……などなど）ばかりに執着して、

それを教えに来る知人からはきっぱりと離れて絶縁しなさい。

また、色々な迷信（邪教、御蔭信仰、験担《げんかつ》ぎのシキタリ……など）を信じて、
勧誘や強要をしてくる人。

さらには、色々なものに目移りばかりして、真面目に働く努力をせずに近道ばかり探す人。

こういう人と交友してはいけません。

どんな交わり、集団の中に自分がいましても、自分一人で歩く覚悟を持ちなさい。

まるで一本角《つの》が立つサイのように一人で歩みなさい。


［原始仏典『スッタニパータ』第一章第三節―五十七番］

（感想）


悪い遊びをしていることを自分に聞かせる友人。

悪い遊びの良さを自慢気に話し、誘う知人。

こういう知人からは「離れなさい」「絶縁しなさい」「話も聞くな」と、釈尊はこの項で断言されています。でも、多くの人は、

「話を聞くぐらい別にいいじゃない」

「友人と絶縁するほどのことでもない」

「相手自身の問題であり、自分が影響を受けなければ良い」

と思うかも知れません。

しかし釈尊が、表面的な建前論だけで、わざわざ断言されるでしょうか？　決して、そうではないのです。

この話は、再び悪い転生（来生に生まれ変わること）を自分自身が受ける重大な因果論なのです。

その悪い話をただ聞いていた自分にも、悪い転生を起こさせる「重力」を生むのです。

例えば、その友人が話す内容が不倫話ならば、その話をただ聞いていた自分は、相手の家族から「知っていたなら教えて欲しかった、止めて欲しかった」という思いを受けます。

とくに幼馴染み同士であったりして、相手の親を自分がよく知っている場合、相手の親が順調な自分に対して思う内容は複雑です……。

友人に子どもがいれば、親の不倫で子どもの人生が変わってしまいます。その原因となる悪事を、自分は途中で聞いて知っていた。自分の良心(内在神)は、何を思うのでしょうか?

友人の不倫を知りながら、以前と同様な交友をしている場合、自分の旦那さんや奥さんから、友人と同じことをしているからでは? という疑いを受けることもあります。

まだ不倫を聞かされるならばマシなほうです。もし知人が麻薬で逮捕された場合は、その知人と頻繁《ひんぱん》に会っていた場合には、自分への警察からの追及と疑いは避けられません。携帯履歴と尾行調査で交友関係はわかります。自分は無実でただよく会って話を聞いていただけであっても、事情聴取と尿検査の屈辱、または家族がいる自宅の捜索を受けるかも知れません。それで会社に言えない理由で仕事を休むことや、家族からそんな知人を持った自分への疑いの目を受けることも十分に有り得ます。

現代社会でも、

「悪い遊びを聞かせる知人・友人から離れなさい!」

と釈尊が断言されるだけの大きな悪影響が、現実に起こり得るのです。

しかもコノ世だけの悪影響だけでは済まないで、来世にも関係します。このことが生まれ変わる悪い因果の一つとして、転生を起こさせる可能性があるのです。

その理由は、

＊自分が一生懸命に育てた子どもが、悪い友人に誘われて悪事を犯してしまった場合、その親の無念とはとても深いものです。親にしてみれば、周囲の友人が「知っていたならば」教えて欲しかった、止めて欲しかった、という無念を持ちます。

＊自分の子どもが自殺するほどのイジメを学校で受けていた場合、それを知っていながら見過ごしていた先生や同級生にも深い恨みを親は起こすものです。非常に怖い因果を周囲も受けます。

＊善良な周囲の友人たちにしても、自分が止めなかったことを、生涯にわたり思い出して後悔するかも知れません。

自分が直接に関係がなくても、聞くだけでも深い色々な霊的な悪影響を受けるのです。

以上の話を読んだ上でも、「話を聞くぐらい別にいいじゃない」という思いになれるでしょうか？

やはり聡明な釈尊の発言には、一切のムダがないようです。

釈尊の発言とは、**とにかく再び悪い転生をしないための超実践論**に満ちています。

ただの表面的な道徳観ではなくて、天国への直球の最短論なのです。

11 学ぶことについて

（独自の訳）
できるだけ学識が豊かな人を友人として選びなさい。
それも、ただの学識者ではなくて、仏陀《ぶっだ》（真の覚者）の真理をも理解しようとする縦横無尽《じゅうおうむじん》で柔軟な知性を持つ博識な人との交流が良いです。
そうして、自分の真理への理解を増し、
自分が持つ疑問・疑惑を減らしていくことが大切なのです。
その上で最終的には、
どんな交わり、集団の中に自分がいましても、自分一人で歩く覚悟を持ちなさい。

まるで一本角《つの》が立つサイのように一人で歩みなさい。

〔原始仏典『スッタニパータ』 第一章第三節―五十八番〕

（感想）

釈尊いわく、

＊交友するならば、少しでも学識（学問と見識）がある人が良い。

＊でも、勉強ばかりの硬い頭の学識者でも困る。

＊かと言って、真理ばかり熱弁する人もダメ。

＊広い学識を持ちながらも、仏陀の発言にも理解を持とうとする柔軟性を持つ博識な友人が良い。

とおっしゃっています。

これの意味することとは、頭が良くても、「謙虚である」「素直である」「こだわりがない知性」が大切であり、こういう人が真に博識な人と言えます。

結婚するならば、ただ学歴が高い学識者よりも、学問だけでなく色々なこと、真理にも理解を示そうとする柔軟性のある知性を持つ人との生活が楽しいです。

男同士でも、同じことが言えます。理屈っぽくいちいちと反論する男性と飲んでいても楽しくはありません。公平に他人の言い分も聞く耳を持ち、その上で持論を述べる人と話しますと勉強になります。

私は医師の知人たちと夕食をたまにとるのですが、酒呑みが多くて、話題が豊富で勉強になります。エロ・グロ・ナンセンス・宇宙論・菌の話、話題に事欠きません。これからは腸内細菌、ウンコ学の時代のようです(笑)。

この項に関しましては、後世の弟子による加筆だと私はしておきます。釈尊の独特で崇高な霊流が訳していても薄いです。

でも、知っておいて欲しいのは、自分が学ぶことについて、

※生きている間は、死ぬまで、少しでも知識を増やす努力をすること。
※学ぶことに関して、素直で、柔軟で、自分が謙虚であるべきということ。
※自分の社会への疑問を減らす努力をしながら、最終的には自分の意見を持つこと。

このようなことが、いつの時代の人間にも言えると思います。

今日も謙虚に、何かを読んで学びましょう。もちろん、この本が史上最高の学びであることを自称します（手前味噌はいかがですか～）。

12 その行き着く先には何があるのでしょうか？

（独自の訳）
世間が夢中になる様々な娯楽や競技スポーツが、人生のすべてだと思うのはやめなさい。
自分の心身を着飾って他人に見せたい気持ちから離れなさい。
そのようなことに関心を持つよりも、
自分自身に対して、ウソのない言葉だけを話す努力をしなさい。
そうした上で、
どんな交わり、集団の中に自分がいましても、自分一人で歩く覚悟を持ちなさい。

まるで一本角《つの》が立つサイのように一人で歩みなさい。

〔原始仏典『スッタニパータ』第一章第三節―五十九番〕

（感想）

釈尊が、

「その娯楽が自分の人生のすべてだと思い込むのは幻想だ」

とおっしゃっています。

「娯楽」とは、人により様々です。現代社会の危険な娯楽には、色々な賭け事、節操のない異性との出会い系、風俗、いかがわしい飲み屋、人生を破壊してまでのめり込むナントカ・ドラッグなどなど。また、健全な娯楽には、スポーツ、旅行、芸術鑑賞、登山……、人が生きがいとすることが無数にあります。

このようなことに収入と時間の多くを費やし続けましても、その行き着く先には何があるのでしょうか。

自分の心を仕事から逃避させるために、逃げていたに過ぎないとも言えます。でも、生きる上で、何か別の楽しみがあってこそ人生であり、大切だと思う気持ちもわかります。仕事をがんばるための、栄養剤とも思うものです。

それでも、その行き着く先には何があるのでしょうか?

釈尊の真意は、

「娯楽が必要な気持ちはわかる。でも、何回も生まれ変わっても、毎回の人生で娯楽というものに貴重な時間を浪費したまま終わり、そして、**また同じパターンを繰り返すのが人間だ**」

とおっしゃっているように響いてきます。

これを千回も繰り返しましても、それでも、

「また来生で娯楽に逃避して人生を終わりますか?」

という釈尊からの問いかけなのです。

「そろそろ、娯楽に逃げずに、本当の自分自身に向き合うべきなのが今生ではないですか?」という示唆をされています。そのためには、

＊自分自身を虚飾して他人に見せたい気持ちを捨てなさい。
＊本当の自分（良心・内在神）に対して、ウソのない言葉だけを話す努力をしなさい。
という示唆がされています。

もし、今の自分が没頭する娯楽・趣味があれば、
＊それを極めたら、どうなるのか？
＊その行き着く先には何があるのか？
これを最初の段階で、自分で認識をしておくことが、娯楽への過剰な浪費を避けることにもなります。自分自身を危険からも守るかも知れません。

不倫でも、それが始まる前に、その行き着く結果は、
＊破滅しかないこと。
＊自分の貯金も家族も住居も失うこと。
これを「最初に」強く想像して認識することで、冷めて、危険を避けることが可能になります。人生のムダな時間を浪費することを止めます。

釈尊が言いたいことは、このようなことに感じます。

今日も、

「その行き着く先には何があるのか?」

「本当に自分のためになることは何か?」

こういう視点を持って自分の周囲を観察していますと、他人を見ているだけでも教えられることが多々あることでしょう。参考にしてください。

第一章 第三節 その三

心は常に、中道（ほどほど）に置くこと

1　コノ世でのすべては、自分が預かっているだけ

（独自の訳）

子どもも、奥さんも、父や母も、家の財産や備蓄穀物も、親類や友人たちも、自分自身に関するどんなことも、自分の所有欲の対象とするのはやめなさい。

どんな交わり、集団の中に自分がいましても、自分一人で歩く覚悟を持ちなさい。まるで一本角《つの》が立つサイのように一人で歩みなさい。

〔原始仏典『スッタニパータ』第一章第三節―六十番〕

（感想）

この項の解釈については、私の訳と他の訳とは大きく違います。他の訳では、

＊釈尊が、妻帯も家族も、自分の家さえも捨てなさいと言った。

＊この項が、出家《しゅっけ》（家族も家庭生活も捨てて仏門に入ること）を勧める根拠。

という意味に解釈がされています。

しかし、私の解釈は大きく違います。釈尊が御自身の家族を捨てたからと言って、これを他人に強要・示唆《しさ》をすることは有り得ません。

釈尊が家庭から離れたのは、

（1）自分がどうしても成し遂げたい使命感のためだった。

（2）その使命感は、従来の宗教から攻撃される危険な内容（集団の否定、師匠不要論、身分差別制度の廃止を主張。一人での求道が目的）だったので、家族の身に危害が及ばないように、王室や家系を守るために絶縁した。

（3）自分の使命感を実行するように天啓《てんけい》（天から命令されること）を受けたから。

このような理由から、釈尊はすべてを捨てられたと感じます。これを釈尊が、一般人にも同じように勧めることは有り得ません。そんなことを多くの人々が真似れば、社会が混乱し破壊されます。家庭は崩壊し、子どもも生まれないことになります。有り得ないことです。

この項こそは、私が何度も書いてきました、

※自分の家族も、財産も、友人たちも、その時の食料さえも、自分自身のモノではなくて、**自分が預かっているだけに過ぎない**。

ということを釈尊がズバリと言っている項だと思います。霊的には、私たちの自分の肉体でさえ、**先祖から預かっているに過ぎないのです**。

いずれ時が来れば、先祖に肉体もお返しすることに誰もがなります。

自分の伴侶を「自分のモノ」「自分の所有物」と思い始めた瞬間から、伴侶を拘束する言動と行動が始まります。そして夫婦不仲に段々と傾《かたむ》いていきます。

我が子を「自分の所有物」という視線で見ますと、子どもを過剰に怒ることになり始めます。子どもが独自に伸びる芽も破壊します。結果的には、親不孝をする子どもに親自身がしてしまうかも知れません。

財産も自分だけの物、という執着を持ち始めた時から、財産が減る傾向が始まります。お金のほうから逃げて行くのです。自分が持つ金銭への嫌な執着が、周囲の人々を離れさせていくために、お金も減る方向・事態へとなぜか進むのです。そうなる、のです。

これらのすべては、「自分の所有欲の対象とするのはやめなさい」という釈尊の一喝《いっかつ》で無難にすることが可能です。

「自分が預かっているだけ」という視点で、自分の持ち物も含めて周囲を見てみましょう。自分の仕事も、「今日もさせていただいている」という視点を毎朝に思えば、その仕事は伸びるかも知れません。

このような「自分が預かっているだけ」「自分が持たせていただいているだけ」という視点を忘れなければ、すべては順調に進んで行くものなのです。

2「人間を釣るための大きな釣り針」が世間にあることを知っておきましょう

（独自の訳）

「ああ、これは自我（ワレヨシ）の欲望の対象に

なるものだな（異性・賭博・不倫・甘い物事・危険なクスリ……）。

これを楽しんで欲望を発散したとしても、一瞬で終わるだけだ。

もし楽しんだとしても、小さなことであり長くは続かないことはわかっているんだ。

これがもたらす後からの苦悩と後悔のほうが、快楽よりも大きいことはわかっている。

これは自分を釣るための大きな釣り針であることを知っている」

このように真理の知恵を学ぶ者は、

実際にひどい目に自分が遭わなくても避けることが可能になる。

だから賢い人は、

どんな交わり、集団の中に自分がいましても、自分一人で歩く覚悟を持ちなさい。

まるで一本角《つの》が立つサイのように一人で歩みなさい。

〔原始仏典『スッタニパータ』 第一章第三節―六十一番〕

（感想）

この項には驚きました。まず口語体で始まる珍しさと、このようなまさに、知る人と知らない人では人生と運命が変わってしまう内容を釈尊が示唆《しさ》されていたことです。

釈尊は、真理の知恵を事前に知っていれば、世間にある数々の大小の釣り針（人を騙《だま》す釣り針、陥《おとしい》れる釣り針）を避けることが可能になる。

その方法こそが、

＊もし、それを体験した場合の後を、「先に」想像しなさい。

＊それがもたらす最悪の場合の被害を、よく計算しなさい。

そして、

＊それを体験したとしても、一瞬で終わることと、長くは続かないことを「先に」想像しなさい。

＊コノ世にある快楽は、それがもたらす後からの苦悩のほうが大きいことを知っておきなさい。

＊魚を釣る釣り針は、世間の中で「人に対して」常に垂らされている。

このようなことを事前に知る真理こそが、人に痛い体験をさせずに涅槃《ねはん》（天国）に導くと釈尊は示唆《しさ》しています。

釈尊は、色々な項で「知恵」を持つことの重要性を説いています。今の世で言えば、知識を広げることで、その人の自由度が広がっていくのは確かです。

＊外国語を習得するだけで、旅行の範囲、楽しめる内容は無限に広がる。

＊法的知識を持つだけで、被害を避けることが可能になる。

＊祈祷ではなくて、医学知識に頼ることで、命が助かる。

＊資格を取ることで、収入が上がり、生活の自由度が変わる。

釈尊こそは、

＊神仏に頼らないこと。

＊偶像崇拝の禁止。仏像の禁止。
を言われていたことを今の仏教は忘れています。今の社会は、なんということでしょうか。

釈尊の遺言で、阿難に厳命したことは、

「法灯明《ほうとうみょう》、自灯明《じとうみょう》だけを信じなさい。守りなさい」

でした。これは、「知恵」と「自分の良心」を信じなさい、ということです。これが悟り
への最短距離だというのが本当の仏教の姿なのです。


海外では、宮本武蔵が非常に有名です。日本人以上に外国人が武蔵を研究しています。

その武蔵が書いた『五輪書《ごりんのしょ》』は、いまだに外国で売れているのです。

宮本武蔵が言った、
＊我、神仏を尊びて、神仏を頼らず。
＊自分は神仏を尊んで拝むが、神仏に頼ることはしない。
＊オノレ自身を信じる。自分の技を信じる。自分の知恵を信じる。
実は、この態度こそが本当の仏教に近いとも言えそうです。

社会にある釣り針を、先に想像して、今日も明るく無難に暮らしましょう。

3　川の流れを冷静に眺め、慌てないことが大切

（独自の訳）

水流の中で魚網に捕まった魚が、網を突き抜けて川に戻るように、

世間にある様々なサガ（ワレヨシの自我・性）への執着を断ち切りなさい。

そして過去に自分の執着心から、

自分のサガの炎が焼き払った場所・相手に留《とど》まることがないようにしなさい。

どんな交わり、集団の中に自分がいましても、自分一人で歩く覚悟を持ちなさい。

まるで一本角《つの》が立つサイのように一人で歩みなさい。

［原始仏典『スッタニパータ』　第一章第三節―六十二番］

（感想）

（1）自分の「思い」が何かに捕まったとしても、その網をスルッと抜けなさい。

人は、色々な物事に自分の思いが占められて、捕まるものです。それは過剰な趣味かも知れないし、異性かも知れないし、バクチ・薬物・金儲け……なのかも知れません。

仕事にしましても、自分が何かの思いに縛られている間は、ミスを多発したり、その仕事を伸ばすことができないものです。仕事をしながらでも、何事にも縛られない「冷静さ」を維持することで、結果を出すことが逆にできるものです。

※自分の思いを捕まえる網を、スルーする気持ちを常に持ちましょう。

ということです。

他人から嫌味を言われましても、喜んでスルーしましょう。自分が腹を立てる時点で、自分の思いが捕捉された、網にかかった魚であることを知っておきましょう。

（2）自分のサガの炎が焼き払った場所・相手に留まることがないようにしなさい。

人間とは、過去に付き合った異性や、過去の仕事に、過去の家庭に、戻れるのではないかと思い続けながら、今の生活を捨てている人が多いものです。

済んでしまった過去に、今の自分の思考の大半を占めながら、今の生活をおろそかにすることが人にはありがちです。これでは過去をダメにした自分が、今の生活もダメにしつつあることを、人は気づかないものです。

でも、自分の周囲にいる人々は、それが何となくわかり嫌な思いをしているものです。

※済んでしまったことには、執着をせずに、常に今を見ること。
※コノ世では、どんなことにも自分の思いが一つのことに縛られるうちは、それは執着であるから注意すること。
このようなことを、この項から思います。


コノ世を川の「流れ」、人を「魚」と見ること。

これは霊的には、非常に言えることです。老子も、川、魚というキーワードを使い、コノ世の諸相を表現しています。遺伝子の流れを見ましても、人は魚でもあるようです。

やはり釈尊の視点は、どこから見ても筋が通った真理です。

紛争中の激流の中に住む可哀想な子どもたちもいれば、寒い季節でも温々《ぬくぬく》とした穏やかな部屋の中でクリスマスに浮かれる人々も、同時に存在するのがコノ世です。

この因果の流れを冷静に眺めながら、どんな川の流れに自分がいましても、感謝せずにはいられない心境になれることが、来生に自分が住む川の「流れ」を決めていきます。

今日も感謝しながら暮らし、楽しみましょう。

4　自分の心の安定化は、意識することで可能になります

（独自の訳）

目の視線は常に静かにして、斜め下方を見て虫を踏むことなく歩き、常に斜め下方の視線で座ること。

大勢の人がいる喧騒《けんそう》を好んで、あちらこちらへと歩き回らないこと。

他からの刺激に心が乱されることがないように、自分の心が防御されている姿勢で常にいること。

自分の自我（ワレヨシな怒り・妬《ねた》み・嫉妬・色情・欲……）が

他人に出ないように自分でコントロールしていること。

他人の自我の影響も受け取らない心境でいること。

どんな交わり、集団の中に自分がいましても、自分一人で歩く覚悟を持ちなさい。

まるで一本角《つの》が立つサイのように一人で歩みなさい。


［原始仏典『スッタニパータ』 第一章第三節―六十三番］

（感想）

これをただ読みますと、「釈尊が堅苦しい生き方、つまらん生活を勧めているぞ」と思われるかも知れません。でもまさにこれこそは、現代社会で精神を病まないための最高の極意を釈尊が教えてくれています。未来社会に、心身を病む人が増加することを予見していたかのような最高の教えです。

この項の中には、
＊禅の極意
＊仏像の視線の意味

＊生活の中での立ち振る舞い
＊精神を病まない生活方法
これらが凝縮《ぎょうしゅく》されています。

（1）視線は、常に斜め下方でいることがよいです。
これこそは、禅の視線であり、仏像が表現する視線であり、最高の集中力を生み、他からの霊的な憑依《ひょうい》を防御する視線なのです。

でもこれは、自分一人でいる時だけにしましょう。学校や職場では、正面を大きく見て、相手に不快な思いをさせないようにしてください。

＊霊の憑依は目からも入る。
ということを知っておいてください。異性からの色情のスケベな火も、目から入るので女性は注意しましょう（笑）。

斜め下方の視線では、まず霊の侵入は目からは難しくなるのです。ただ、この姿勢は首の後ろが開いて無防備になります。そこで禅では、背中を棒で叩き祓《はら》う警策《きょうさく》を経験的な感覚から実践されています。

これを釈尊が述べていたことを知る人は少ないです。後世に生まれた所作・視線だと思うものです。

釈尊は禅定(ぜんじょう：心の活動が一切停止すること)に入られますと、丸一日でも半眼《はんがん》のままの御方でした。排尿も、脈拍も、呼吸もすべての活動が冬眠状態のように限りなく弱くなります。現代医学の医師が瞳孔を確認すれば、非常に危険な状態の判定が出されるかも知れません。

(2)自分が他人の心を乱さない姿勢・生活を心がけて、自分も他人の所作・行動に心が乱されないように注意していれば大丈夫だということ。

このことを現代人がわざわざ意識をしていないと、

＊自分の心が他人の所作をいちいち気にする。

＊自分も他人に不快な態度を無意識にしている。

ことになりがちです。

自分で常に、「他からの影響を自分は受けない、受け取らない」ということを日々の生活の中で自分自身に言い聞かせていきます。これを意識するかしないかで、やはり人の精神状態は変わっていくのです。

人間の心は生き物なのですが、表層意識はかなり機械的な反応を示し、意識のプログラミング注入が機能すると思ってください。これを悪用したのが洗脳です。

つまり自分の意識に言い聞かせることは機能する・有効だという証拠です。

やはり人は、知人を選び、読む本を選択し、見る物事、テレビ番組、聴く音楽も選択する必要がありそうです。

視線にしましても、「そんなことぐらい」が想像以上に人には影響しています。テレビ・映画などの映像で問題視されるサブリミナル効果（意識的に隠されている見えないはずの画像が無意識下に入ること）がこれを証明しています。

絵画にしても、下地に塗り隠した呪詛の絵が機能することを使い、他人を貶《おとし》めるための権謀術数《けんぼうじゅっすう》が古来から存在します。例えば、天才レオナルド・ダ・ヴィンチが下絵に隠している図柄は、表面に描いた絵とはまったく異なることが多いようです。

この項の主旨は、常に自分の心の安定化に注意して、輪廻《りんね》（生まれ変わりの循環）から自由になりましょうということです。

この項の注意点も知っておき、自分の心の安定化を図ってコノ世を楽しみましょう。

5　人が密かに自覚するべき生きる姿勢

（独自の訳）

家族・家庭を持って暮らす者であっても、これに執着するサガを見せずに生活をしなさい。

そして、華やかな衣装を着ることに執着せずに、

樹木の黄色い落ち葉のような大便色の服でも良しとしなさい。

さらには、自分は孤高の修行者であると思って生活をいたしましょう。

どんな交わり、集団の中に自分がいましても、自分一人で歩く覚悟を持ちなさい。

まるで一本角《つの》が立つサイのように一人で歩みなさい。

〔原始仏典『スッタニパータ』 第一章第三節―六十四番〕

（感想）

釈尊が非常に厳しく、人がコノ世に生まれた限りは意識をしなければいけない生活態度を指摘されている項です。

（1）自分には家庭があるからと、社会生活・仕事の中で言い訳をしてはいけない。

社会の中で働いていますと、既婚者も独身者も、幼い子どもを持つ母子家庭の母親も、家族の介護・看護をする者も、同じルールの下《もと》で働いているわけです。誰もが平等です。

でも、自分には家庭があるからと言って、仕事のシフトを変更してもらったり、早退したり、急に休むことはあることです。子どもが熱を出すなどの正当な理由もあるものです。それもわかります。

でも、霊的な因果を考えるとどうなのか？　ということなのです。

釈尊は、コノ世のすべてが自分が起こした縁起（過去生も含む）により、今の状況・環境がある、とします。自分には家庭があるからと言って、もし周囲の者に迷惑をかけることがあれば、大げさですがこれも因果になるわけです。

まだ、**「申し訳ない」と思える人は問題はないです。**

それが当然だ、自分には譲られる権利がある、という心境の人がいれば、それは因果となり、いつかは自分に違う形となって反射をすることでしょう。

今の社会では、公的な権利を悪用して生きる人が増えているかも知れません。でも、その一方では公的な援助を受けずに、家族の面倒を見ながら懸命に苦しい思いで働いている人も大勢いるわけです。

霊的な視点では、そのすべてがキッチリと因果の法則により帳尻が合うように管理されているのです。

だから安心しましょう。他人を見て、怒る必要はありません。

ただ、だからと言って、**家庭の事情がある人に仕事の融通を利かせないようなことをし**

てはいけません。これは他人に因果論から注意することではなくて、各人の自分自身だけの生き る姿勢と問題なのです。

しかし、自分が家庭の事情で職場に迷惑をかけた場合は、その先どうすればよいのでしょうか？　誰もが同僚に迷惑を、お互い様にかけることがあるのも仕事です。その時は、自分の仕事で可能な範囲のお返しをする心づもりで問題はないです。相殺《そうさい》が起こり、因果にはなりません。

（2）大便色の服でも良しとしなさい。

出家された僧侶は黄色い袈裟《けさ》（衣装のこと）を着ています。インドならば、ターメリックなどの香辛料で害虫よけのために染色した黄色だと思われる人もいるかも知れません。しかし最初は、あえてウンコ色の黄色の衣装を着て、「初心を忘れるな！」の意味だったのです。その心は、「衣装に執着するな！」「衣装に執着しないように、あえて大便の色でも良しとしなさい」だったのです。

でも、現代社会では最低限の常識的な服装へのエチケットは大切です。他人に不快な思いをさせる衣服も、臭いも、因果を起こします。

（3）家庭持ちであろうが、独り身であろうが、誰もが自分は孤高の修行者であるという自覚を持って暮らすことが、輪廻《りんね》（生まれ変わり）の輪から外れるためには必須条件だということです。

以上の話は、極端には受け取らずに、自分一人が密かに自覚するべき生活の知恵だと思ってください。すべては中道（ほどほど、真ん中）が最善です。

参考にしていただければ幸いです。

6　その裏返しが、自分のサガの正体である

（独自の訳）

様々な美食をしたいという執着をなくすこと。

あちこちと、目的もなく出歩かないこと。

肉体を維持するための、必要最低限以上の栄養を摂らないこと。

共同生活する他の修行者たちを
托鉢《たくはつ》（食物などの寄付を他人に願うこと）で食わせる必要はないこと。
富裕な庶民の家に憧《あこが》れることがないこと。
このようにしながら、
どんな交わり、集団の中に自分がいましても、自分一人で歩く覚悟を持ちなさい。
まるで一本角《つの》が立つサイのように一人で歩みなさい。

［原始仏典『スッタニパータ』　第一章第三節―六十五番］

（感想）

驚きました。これは釈尊の御言葉ではなくて、後世の不満を持つ仏教修行者による加筆だと、私は断定します。

とにかく食事に関する不満が多い内容です。そして、すべて前記の内容の「逆をしたかった」と解釈すれば、よく腑《ふ》に落ちます。

＊様々な美食をしたかった。

＊もっと色々な知らない場所に旅行に行きたかった。
＊もっと栄養のある食事をしたかった。
＊なぜ他の修行者を、自分が托鉢で食わせる必要があるのか？　不満だった。
＊裕福な家がうらやましかった。
このような不満を持つ修行者もいたと解釈しますと、当時の様子も想像ができて、今の自分の生き方の参考になります。今も昔も、みんな同じ人間のサガを持つことがよくわかります。だから、今の自分の生活を見て、落ち込む必要はありません。

ただ人のサガ（性）とは、いつの時代の人間でも、
＊もっと美味しいものを食べたい。
＊旅行したい。
＊同僚への不満と葛藤。
＊貧富へのこだわり。
このようなことが、人の心を揺さぶるようです。
今から二千年が経過した未来の人も、このようなサガをはたして持つのでしょうか？

少なくとも今の私たちは、二千年前の人間とサガの悩みの内容は変わりがないようです。

釈尊は、このようなサガをなくされていました。でも考えてみますと、釈尊こそは王宮に生まれ、青年期になるまではコノ世の贅沢の限りを知り尽くす経験をされたわけです。その経験をしたからこそ、逆にこのようなことへの執着をなくすことができたと考えることもできます。

一度も贅沢を自分が経験せずに、他人が贅沢をする様を見続けた人間が、はたして前記のような物事への執着を断ち切ることが可能なのか？

それとも、「無いものは無い」と執着を断ち切ることができるのでしょうか？

何回もの過去生からの人生による個人ごとの「縁」が、悟りをも「決めて」いくと言えそうです。

はたして、日本の戦後の平和な七十年間を堪能した方々は、どんな善徳をお持ちだったのでしょうか？

この期間だけしか知らずに、コノ世を去った方々も大勢おられます。ほんの数十年間の生まれる年代の差が、天国と地獄を分けたのです。

今の生活の中で、良い縁、善徳を自分が創造していく気持ちは大切です。自分で志《こころざ》すだけでも価値があることです。今生も来生も、これが決めていくのです。

今の自分が、**善悪両方の「縁」を創っている最中であることだけは**、知っておきましょう。

7　嫌な感情に対して「降参」していきましょう

（独自の訳）

人間を構成する五つの要素である五蘊《ごうん》が起こす執着を断ち切りなさい。

五蘊とは、自分自身が生きている、心身の活動をしているだけで湧き起こる感覚であり、これに愛着や執着を持ち過ぎますと、苦しみが次から次へと心に湧き上がってきます。

五蘊とは以下の五つを指します。

・色（しき）＝「身体」機能が活発であるために湧き起こる、攻撃性や性的反応などの苦しみ。
・受（じゅ）＝物事からの刺激を受ける「心」の反応。悪口・批判などを受けて、何でも被害妄想的な過大に受け取る癖。
・想（そう）＝見たものについて何事かをイメージする「心」の機能。自分が見た現実以上の過大な妄想を見ること。
・行（ぎょう）＝イメージしたものについて、自分の意志判断を下《くだ》す「心」の機能。
・識（しき）＝外的作用（刺激とイメージ）、内的作用（意志判断）を総合して状況判断を下す「心」の機能。

この五蘊が引き起こす愛着や憎悪を断ち切り、
心の安定への障害を放棄、手放すことをしなさい。
そして、いかなることにも公平性・中道（ほどほど）から離れてはいけない。
どんな交わり、集団の中に自分がいましても、自分一人で歩く覚悟を持ちなさい。
まるで一本角《つの》が立つサイのように一人で歩みなさい。

［原始仏典『スッタニパータ』第一章第三節―六十六番］

（感想）

これはまさに現代社会で病んでしまう人間への注意点を、二千五百年前に生きた釈尊が示唆されています。

人間は自分の五感・五蘊（色・受・想・行・識）をストレスから過剰に暴走させてしまいますと、苦しみが次から次へと、その人間に湧き上がってくる、と釈尊が断言されています。そのすべては他人だけが原因ではないのです。それを過大に受け取る自分の心のサガが心の深奥に原因としてあるということです。

他人からの刺激を、自分が過大に受け取ってしまう原因としては、他人と自分を比較（作業能力・貧乏・美醜・学歴・持ち物・家族の問題……）してしまう自分のコンプレックスに注意が必要だと感じます。

そのことを認めたくはない自分のサガを、冷静に自分で観察するのです。

そして釈尊いわく、

❊五蘊が引き起こす愛着や憎悪を断ち切り、心の安定への障害を放棄、手放すことをしなさい。

※自分で自分自身が他人から受ける反応を静観し、そのような自分のコンプレックスから過大な感情の反応が起こると察知した時には、**その過大な感情を手放しなさい。**

「手放す」とは、とても良い表現です。「過大な感情を断ち切りなさい」と言われましても、どうすればよいのか？　と思うものです。自分に湧き起こる嫌な感情を、手放すのです。もう自分でわかったからと、**嫌な感情に対して「降参」していくのです。**

この自分でする「認識」により、冷静な中道に戻ることが可能です。

※そして心は、いかなることにも公平性・中道（ほどほど）から離れてはいけない。

これを忘れないでおくのです。

以上の内容から思いますのは、釈尊こそは人間の心の動きを極限まで熟知されていることです。釈尊の言葉を真に理解した人は、心の問題から離れ、何ものにも害されない心の安定を勝ち取ることでしょう。

今日も自分に湧き起こる過大な感情があれば静観し、「五蘊《ごうん》の戒《いまし》め」として、思い出しましょう。

人はどんな環境・条件の中にいましても、心の絶対安定を勝ち取ることが可能なのです。そして輪廻《りんね》(生まれ変わる修行)から卒業することも可能なのです。

今日も明るく生きましょう。

8　心を安心に止めておくこと

(独自の訳)

過去の喜怒哀楽は、もう遠くに置き去りにしなさい。

それよりも今の生活の中で、心が平静で冷静な極みの中に安住して静止している禅定《ぜんじょう》を身に付けていることが最大事なのです。

どんな交わり、集団の中に自分がいましても、自分一人で歩く覚悟を持ちなさい。

まるで一本角《つの》が立つサイのように一人で歩みなさい。

〔原始仏典『スッタニパータ』 第一章第三節―六十七番〕

（感想）

禅定とは、仏教において心が動揺することがなくなった一定・**「静止」**の状態を指します。心が平静で冷静な極みの中に安住して静止している禅定の実践によって、心が見える景色や他人に一切乱されない時、それは三昧（さんまい：サマーディ）の状態と呼ばれます。また、禅定によって心を一切乱されない力のことを、心の定力《じょうりき》または禅定力と呼びます。

人は仕事をしながら、生活しながら、過去にあった喜怒哀楽や過去の異性に自分の心を静止させることが得意です。まさに「心ここに在らず」が人は得意なのです。これでは今の生活でも失敗や、愚かな間違いを繰り返すことになるものです。

釈尊は、これではダメだとおっしゃっています。

では、どうすればよいのでしょうか?

過去の喜怒哀楽は、遠くに置き去りにしなさい。もう済んだことは、心から離して、遠くに置いておく心がけを知っておきなさい。

ということです。これを人は意識すれば可能であることを知っておくだけでも変わっていきます。

人は、過去の中に心が住んではいけないのです。今の生活の中に心が住まなければ、人は改善も成長もしません。

以上の考察を読んで改めて思いますことは、道元さんの禅宗こそが、釈尊の直伝の「実践」「実行力」を現代にまで残していると思われます。

＊掃除・料理道・畑仕事などの労働、街に出て他者との触れ合い……、これらを「作《さ》務《む》」として一日の大半において重視する実践。

＊生活の中で「心を静止させる」実践。

＊今だけを見る、ありのままを見る、無思考への挑戦。

そして私が思いますには、隔離・閉鎖されて、お膳立てされた環境の中でこれをおこなうのは、まだ半分なのです。これを誘惑に満ちた雑多な世間の中で心がけることこそが、大きな飛躍と成長を生むと感じます。

まさに社会の中で、嫌な同僚や上司の中で、家庭でもストレスがある中で、心が平静で冷静な極みの中に安住して静止している禅定《ぜんじょう》を目指すこと。

これを、ただ座る瞑想（ムダで贅沢な浪費です）ではなくて、**働く動きの中で目指すのです**。これは知らずに道元禅を自分で実践することになります。

今日も自分なりに、雑多な社会と生活の中で、自分の心を「平静」と「冷静」と「安心」に静止させる挑戦をしてみましょう。

その方法の入口は、自分で自分自身の心と思考を、静観・観察して見る努力をすることからなのです。

この実践の継続が、嫌な過去も遠くに置き去りにして、心の革命を起こすのです。

9　目的意識の有無が、運命を分けます

（独自の訳）

人は自分なりの最高・最大の目的意識をしっかりと持つことができれば、最大の努力に励み、何事にも怖気《おじけ》づかないようになれ、自分の努力・行動を怠《おこた》ることがなくなり、堅実な実績を積んでいき、自分の心身共に充実することになります。

どんな交わり、集団の中に自分がいましても、自分一人で歩く覚悟を持ちなさい。

まるで一本角《つの》が立つサイのように一人で歩みなさい。

〔原始仏典『スッタニパータ』　第一章第三節—六十八番〕

（感想）

「自分は何をすればよいのか？」

このように思いながら、ただテレビやネットを見ている人が多いかも知れません。暇だからと寝ている姿勢は、筋力を低下させ、バランスの悪い食事で過ごし、ますます心身の悪循環に陥っていくものです。これではヤル気も、運気も、仕事も来るはずがありません。

そこで釈尊は、**人は正しい目的意識を持つことで、運命が変わる**、と示唆されています。

正しい目的意識は、自我（ワレヨシ）ではありません。家族にも社会にも益することになります。悪事への目的意識は、ワレヨシな自我です。因果を残していきます。

では、正しい目的意識とは何でしょうか？

社会の常識で判断すれば問題はないです。正しい目的意識を持って自分なりに努力しますと、自分の先祖も良心（内在神）も安心します。

でも努力する自分自身は、絶えず他人を見て比較し、自分の努力を自己評価します。これでヤル気をなくし、努力をやめるパターンも社会にあることです。

これを挫折《ざせつ》と呼んで自分を納得させるのは、霊的には間違いです。霊的には他人との比較も、実績の結果も関係ないのです。

自分が生きた、努力した、「経過過程」「経験」こそが真実であり重要なのです。

結果という消えて行くコノ世だけの幻想により、自分自身をイジメてはいけません。

自分自身が、

＊何かを経験すること自体を目的とした時、
＊結果よりも、良心に沿った経過過程を大切にする時、
その人は、他人からは楽しそうに見え始めます。その人は、自分の仕事の中に嬉々とした目的意識を持ち始めます。他人が見ていようが、見ていなかろうが関係ないのです。

そういう人に、他人も幸運もなぜか寄って来ることになるのです。


「人は、自分が意識する者になる」(ロシアの神秘家グルジェフ談)。

これを逆に言えば、目的意識のない状態は、怠惰・堕落・色情・バクチ・投資・悪事・薬物……へと自分自身を誘います。注意をしましょう。

これを避ける意味でも、自分自身が正しい目的意識を持つことで、悪事を避けることに必ずなる、という釈尊の示唆でした。

今日も、自分なりの小さな目的意識を探して持って、明るく生きましょう。

10 今の自分の魂の、パターンに気づく重要性

（独自の訳）

静かな環境で暮らす努力をし、
心が平静に安住して静止している禅定《ぜんじょう》を心がけること。
常に心の真理に従って生活し、自分なりの修行生活をおこなうことが人には大切です。
そして無自覚に輪廻転生《りんねてんしょう》（コノ世に何度も生まれ変わること）をし続ける世間の人々を見て、
これは「悲しくて恐ろしいことだ」ということを思い知りましょう。
どんな交わり、集団の中に自分がいましても、自分一人で歩く覚悟を持ちなさい。
まるで一本角《つの》が立つサイのように一人で歩みなさい。

［原始仏典『スッタニパータ』第一章第三節―六十九番］

（感想）

釈尊いわく、

＊自分が静かな生活を心がけ、平静な心境を維持していますと、

＊社会に生きる人々が、同じことを何度も繰り返すことがわかる。

＊これは魂の生まれ変わりについても明らかだ、と思い知ることができる。

とおっしゃっています。

人間は冷静に生活を俯瞰《ふかん》（全体を高所から見る視点）しますと、仕事にしても、恋愛にしても、同じようなパターンで他人ともめたり、成功体験をしたり、喜怒哀楽を繰り返していることがわかります。

毎回同じパターンを百回も繰り返せば、

「あれ？　私は同じことを繰り返しているだけ？」

と人は気づけるのでしょうか？

その答えは「ＮＯ」なのです。心の平静を維持していない人には、**自分が何度も同じこと**

を「繰り返しているだけ」ということがわからないのです。これは生死をまたいだ転生にも言えることであり、何度も似たようなパターンの転生を人は繰り返している最中です。

釈尊はこれを**「恐ろしいことだ」**と、この項で指摘しています。これと同じことを、空海さんはもっと辛辣《しんらつ》に表現されています。

三界《さんがい》の狂人《きょうじん》は狂《きょう》せることを知らず
（色々な世界において、狂える人は自分が狂っていることを知らない）
四生《ししょう》の盲者《もうじゃ》は盲《もう》なることを識《さと》らず
（真実を見ることができない生きとし生ける者は、自分が何も見えていない者であることがわからない）
生まれ生まれ生まれ生まれて生《しょう》の始めに暗く
（何度も生を繰り返しながら、生の始まりさえわかっていない）
死に死に死に死んで死の終わりに冥《くら》し
（何度も死を繰り返しながら、死の終わりを知らない）

（『秘蔵宝鑰《ひぞうほうやく》』序詩より）

なんと、同じことを繰り返す人類のことを、空海さんは狂人だと指摘しています。何度も、死に死に死に死んで、生まれ生まれ生まれ生まれ直しても、人は気づかずに毎回に同じことを繰り返しているだけだ、と表現されています。これは空海さんの愛情からの厳しい言葉なのです。

「頼むから世間の人々よ、気づいてくれよ！」という空海さんの心の叫びなのです。

現代世界の情勢を見ましても、紛争を繰り返し、また繰り返そうとしています。同じような破壊のパターンを何度も繰り返しています。

これを冷静に見れば、本当に「悲しくて恐ろしいことだ」という釈尊の言葉がわかることでしょう。

この繰り返すパターンが、個人の人生にも起こっており、来世にも繰り返すのです。

これを脱却するためには、

❋静かな環境で暮らす努力をし、心が平静に安住して静止している禅定《ぜんじょう》を心がけること。

※常に心の真理（良心・内在神）に従って生活し、自分なりの修行生活をおこなうことが人には大切。
ということなのです。

もし生活の中で自分の心中に怒りが湧いた時には、
＊以前にも同じようなことがなかったか？
＊自分が怒ったその先は、どうなったか？
ということを思い出しましょう。
これだけでも、自主退職や、離婚も、不倫も、やめることができるかも知れません。
これだけでも、その人の運命は変わるのです。
今日も、自分の繰り返すパターンに気づきましょう。

第一章 第三節 その四

普段の生活こそが、心の修行の場

1　見てやろう、聞いてやろう、そして悟ってやろう

（独自の訳）
心の奥の深層の欲望が滅した後のような静寂を求めて、真剣に求道すること。
家畜のような怠惰《たいだ》な生活をやめること。
よく真理を聴く（当時は本がなかった）生活を心がけること。
常に、あるがままの今を正視することを意識すること。
コノ世のあらゆることをよく見聞きし、よく理解し、
自分の中に確固たる信じるものを得て、
勇敢に自分の信じる道を行くこと。
以上のようにして、
どんな交わり、集団の中に自分がいましても、自分一人で歩く覚悟を持ちなさい。
まるで一本角《つの》が立つサイのように一人で歩みなさい。
［原始仏典『スッタニパータ』　第一章第三節―七十番］

（感想）

釈尊が、日常生活のあるべき姿を示唆《しさ》された項です。

（1）「欲望が滅した後」とは、性交や自慰で昇天した後のような一瞬の心の静寂は、正しい求道の生活の中でも垣間《かいま》見ることができるということです。

悟った心境が住む「涅槃《ねはん》」という漢字を見ますと、少し性的に淫《みだ》らな「快楽」を妄想する文字にも思わないでしょうか？　でも心が真の自由を得た心境とは、見るものすべてが喜びに満ちたまさに「快楽」と言えます。性的快楽は一瞬で終わりますが、これと同等以上の快楽を求道で求めることが可能なのです。

実際に医学的にも、覚醒すると常に脳内麻薬が出ていると思います。聖者ラマナ・マハルシがガンに侵されながらも、一切の医療行為を受けずとも常に深い笑顔でいたことの秘密がここにあります。生きながら涅槃に安住することが、誰にも可能なのです。

（2）人間は、誰もが飲んで食って寝るだけの家畜になって、貴重な限定時間を消費していないか？　と自分を振り返ることが大切です。

人は、自分に与えられた寿命期間を考えずに生活しています。心は永遠に死ねませんから、「慌てない」とは確かに言えます。でも、肉体が行動できる時間は期間限定です。これを忘れないでいましょう。

時間限定だからこそ、逆に思いっ切りがんばることも可能なのです。

(3)本当に正しいことは何か？　真理とは何か？　これを求める好奇心を維持することは、心に永遠の若さをもたらします。そしてこれが求道となります。

(4)自分の心が済んだ過去に住まないこと。まだ来ない未来にも、自分の心を住まわせないこと。常に今のこの場所に、自分の心を置いておくことが悟りには必須条件なのです。

今の自分と状況を、直視していきましょう。

(5)悟りを求めるからと言って、社会情勢やニュースの現実を避けていてはいけないということです。コノ世のすべてを、見てやろう、聞いてやろう、とするバランス良い姿勢の上で、自分の中に信じるものを持つことが真の正道へと自分を導きます。

ただの「修行バカ」「信仰アホウ」では、悟りは得られないのです。


以上の生活を参考にして、自分の信じる道を勇敢に行きましょう。

やはり人間は、自分の普段の生活こそが、修行の場所であり、悟りにもつながる夢が在る場所なのです。

実践が自分に教え、先行きを導きます。

2　獅子のごとく、人も生きるべき

（独自の訳）

ライオンならば、どんな声にも驚かない。

風は、どんな網にもかからずに素通りします。

蓮華の花は、どんな泥水も身に付けない。

人も、このようにあるべきなのです。

だから、どんな交わり、集団の中に自分がいましても、自分一人で歩く覚悟を持ちなさい。

まるで一本角《つの》が立つサイのように一人で歩みなさい。


［原始仏典『スッタニパータ』第一章第三節―七十一番］

（感想）


非常にわかりやすく、人間のあるべき姿が指摘されています。

ところで、古代インドにライオンはいたのか？　インド虎の間違いでは？　と思われるかも知れません。

実は、ライオンは現在のインドの国章《こくしょう》にも描《えが》かれており、インドでは世界の王「転輪聖王」（てんりんじょうおう：過去生の善徳に保証された真の王）、つまり「仏陀《ブッダ》」を意味する象徴が古代からライオンなのです。

仏教で「獅子座」とは、星座のことではなくて、仏陀が説法する場所のことを言います。王の座という意味で獅子座思想とも言われ、説法が説かれた「場所」が未来の聖地として保存されました。ブッダ・釈尊の足跡は、足裏からの強烈な磁気放射によって砂場でも長くその形が残り、大地に刻まれました。ましてや釈尊が座られて長く話をされた場所は、聖なる場所となったわけです。

人は仏陀（ブッダ：真に悟りを開いた人）に誰もがなれます。釈尊も仏陀の一人に過ぎず、釈尊以外にも無数の仏陀が太古から存在したことが仏典に述べられています。これから人類は、誰もが仏陀に変身する可能性があります。そういう大きな節目の世紀に入りつつあります。

それでは、人が目指すべき仏陀になれば、どのような様相の人になるのでしょうか？

（1）ライオンのように堂々としていなさい。

他人からの悪口や噂話を気にして右往左往、気にして心を病む人が多いです。もう他人からのどんな「声」にも驚かない自分、という姿を意識しましょう。

人は、自分が意識する人に、今からなれるのです。

(2)社会の中の網に捕らえられてはいけません。

世間には、色々な網が存在します。金銭・異性・地位・学歴・容姿……。このような、どんな網にも心が捕まらずに、素通りできる自分であることが重要なのです。何事にも捕まらない自分でいましょう。

(3)泥の中に入っても、心にまで泥を付けてはいけない。

社会に泥はあるものなのです。これをなくそうとするほうが、無理があるかも知れません。泥を自分だけ避けようとして苦悩はしないことです。どんなにあがいても、身の回りは泥だらけです。陰謀・悪口・盗み・不倫・不正……。

でも、自分の心だけには泥を付けない決意をしましょう。そうしますと周囲は泥だらけでありましても、自分は身に泥を付ける行動をしない人になれるのです。

最初に、心に泥を付けるようなことを思わないことが大事です。自分が悪事をしたいと思わないことが大切なのです。不倫に憧れる人は、いずれ不倫をすることになるからです。

そして、

＊どんな交わり、集団の中に自分がいましても、自分一人で歩く覚悟を持ちなさい。

これは会社でも孤立した変わり者になれ、という意味ではありません。

他人とは常識的な態度、協力姿勢、調和を努力します。

問題は、心の中のことなのです。

誰もが究極は、最後の時は、自分一人で裸で逝《い》くことを忘れてはいけないのです。

これを健康なうちから心中で日々に思い出していますと、他人の悪口や、意地悪や、病気や不運でさえも、すべてが愛おしい「思い出」になることがわかり始めます。逆に、愛情が深い人になれるのです。

これは実践が自分に教え、先行きを導きます。

人があるべき三つの姿を参考にしていただければ幸いです。

どうせ終わる命ならば、今さら何を悩むことがあろうか？

コノ世を思いっ切り生きてやりましょう。

3　自分自身を信じること＝真の自信

（独自の訳）

牙の鋭いライオンは、どんな相手にもひるみません。

他人から離れた自分の居場所を持ち、そこでくつろぎながら心の修行をしましょう。

だから、どんな交わり、集団の中に自分がいましても、自分一人で歩く覚悟を持ちなさい。

まるで一本角《つの》が立つサイのように一人で歩みなさい。


［原始仏典『スッタニパータ』　第一章第三節―七十二番］

（感想）

今の社会では、職場や学校、家庭でも、他人からの言葉を気にして、自分の心身を弱らせる人が多いです。この項で釈尊は、「牙の鋭いライオン」とあえて強い猛獣を冒頭に置いています。

この意味を感じ取りますと、

「誰もが自分なりに、自信を持てることが一つだけは大切だ」

と響いてきます。でも、そう言われましても、自分には何も自信を持てるところがないと、人は思うものです。自分自身のことが一番にわかっていないのが人間だと言えますから、それも無理がないことです。

ただ、一つでも自信が持てることがありますと、その人の人生は変わっていくものです。

人間の自信とは、「他人との比較」でもたらされることが多いです。でも、他人との比較の上での自信ならば、その環境が変われば新たな他人を知って、根底から打ち砕かれる自信に過ぎません。いつでも劣等感に変わり得《う》る自信です。

これは、本当の自信ではありません。

私が感じます本当の自信とは、

＊自分自身を信じることが、真の自信。
自分のことを愛する力が、自信でもあります。「自分なんて大嫌い」と思っている人は、何に対しても自信が持てない人だと思います。

さらには、自信＝信仰（自分を仰ぎ見ること）だと感じます。
釈尊は、自灯明《じとうみょう》（自分自身を拠りどころとすること）を幸福、悟りへの道だとおっしゃいました。正しく「良心」に沿った上での自信とは、信仰、自灯明へとつながる奥深い意味を感じます。

＊他人から離れた自分の居場所を持ち、そこでくつろぎながら心の修行をすること。
＊他人を見て比較せずに、自分の生活の中に自信が持てる「花」を見つけましょう。
自分の住処《すみか》だけは、どんな粗末な所でも、そこを天国に自分でするのです。他人との比較ではなくて、自分の好みを信じましょう。そこが人には最善な場所となるのです。

ライオンでなくてもウサギでも良いから、自分自身を信じて、自分の居場所を創っていきましょう。これが悟りにもつながっていくということなのです。

4　ゴミもお宝に変える四つの心

（独自の訳）

愛情があふれる心。

とても静かなる心。

慈悲深い心。

よろこび感謝する心。

このような四種類は、
解脱《げだつ》にもつながる大切な心の状態です。

だから、この四つの心を、各人の心の段階に応じて生活の中で意識をする修行をしましょう。

その場合、社会の中で、誰とも敵対せずに争わないことが大切です。

だから、どんな交わり、集団の中に自分がいましても、自分一人で歩く覚悟を持ちなさい。

まるで一本角《つの》が立つサイのように一人で歩みなさい。

〔原始仏典『スッタニパータ』　第一章第三節―七十三番〕

（感想）

心の修行をするにしても、

「社会の中で、誰とも敵対せずに争わないことが大切です」

と釈尊は示唆《しさ》します。

釈尊の御言葉を読んでいますと、社会的に非常な「常識人」であったことを至るところで感じます。

現代においては、一般人に恐怖感を与えて金銭を要求する、悪徳な自称の霊能者や、精神世界の先生とは、社会に出ればただの「変わり者」「傲慢《ごうまん》な人」「変な人」に過ぎません。常識やエチケット、思いやりのない人が多いです。

私は企業の会社員を二十五年以上しながら、多くの悪徳な教祖や悪徳な有料先生の背後と本質を視てきましたから、社会の常識人と自称先生の違いがよくわかります。天地の開きがあります。

悪徳な自称の修行者が変わった装束《しょうぞく》をするのも、人としての中身がないから外見や持ち物で誤魔化しています。それらの本当の霊性は、真面目に勤務する会社員には遠く及びません。人の霊性よりも下等な根性に落ちている自称先生ばかりです。だからこそ、奇異で飯が平気で食える人とも言えます。社会的な常識から遠く離れています。

本物の霊感者は、社会の中で背広を着て真面目に働いています。除霊が必要だと恐怖感を相談者に与え、金銭を請求するような悪徳なニセモノのスピリチュアル先生は、奇異なスタイルで社会の中で遊び暮らしています。

老子は、悪徳に霊的なことで飯を食う人々を「藁《わら》でできた犬」と呼び、その死後にアノ世で地獄の業火で燃やされると道徳経《どうとくきょう》の中で述べています。これは霊的な真実です。無知とは、本当に怖いことです。

この項での重要な指摘は、

（1）愛情があふれる心。
（2）とても静かなる心。
（3）慈悲深い心。
（4）よろこび感謝する心。

このような四つの心を意識して極めれば、解脱（魂の生まれ変わりを卒業し、心が自由になる。悟り）することが示唆されています。

この内の一つでも本当に極めることができた時には、他の三つも自動的に兼ね備えると も言えます。最初からバランス良く、四つを同時に心がけていくこともよいです。

この四つの心とは、人間としての「温《あたた》かみ」があふれています。どんな修行でも、温かみを他人にも感じさせるモノが重要であり、本物なのです。

修行と称して「恐怖」「冷酷さ」「脅し」を他者に与え縛るものは、ニセモノです。それは魔界からの指図だと思ってよいです。

真実とは、非常にシンプルなのです。

温かみのあることは、何でも良いです。冷たさを感じさせるモノからは、人でも修行でも離れましょう。それは正しいことではないことを、本能が教えてくれています。

どんなことも、子どもの目線で見ればわかります。


自分の生活の中で、前記の四つを意識することを修行といたしましょう。

今の自分が、苦しい環境、厳しい職場、嫌な他人が多い中で、大変な家族の中で、病気の中で、その中でも四つの心を持つことが、自分のために大きな意味を持ちます。

苦しいゴミの山の中でも四つの心を意識できれば、そのゴミの御蔭で人は悟るかも知れません。その瞬間、自分がゴミだと思い込んでいた物事も、自分自身のための神様の慈悲だったことに気づきます。


自分次第でゴミがお宝に変わるのもコノ世の秘密です。

四つの心を、明るく意識していきましょう。

5　心の三毒《さんどく》に注意

（独自の訳）

＊自分の欲望のために執着する心。必要以上にむさぼり、欲張る心。

＊他人を憎む心。常に怒りの心を持つこと。

＊信仰や真理を求める心をバカにしたり、毛嫌いする無知の心。

このような人としての三毒を捨てましょう。

自分の心が奪われるような世間の物事（異性・賭け事・過剰な娯楽・無理な交友……）に対して、自分の心を結び付ける綱《つな》を切断しなさい。

自分の命がコノ世から去ることも心配しないこと。

だから、どんな交わり、集団の中に自分がいましても、自分一人で歩く覚悟を持ちなさい。

まるで一本角《つの》が立つサイのように一人で歩みなさい。

［原始仏典『スッタニパータ』　第一章第三節―七十四番］

（感想）

この項は、後世の仏教でよく言われます「三毒」「三つの煩悩《ぼんのう》」について、釈尊が触れています。この原始仏典である『スッタニパータ』が、三毒について触れた最初の正式な原典と言っても過言ではないでしょう。

人間をダメにする三つの毒とは、

（1）過剰に欲張ることは、いつか自分をダメにします。

自分を犯罪にも誘導するかも知れません。

（2）他人を憎む心。怒りを常に持つ心。

こういう心は、自分で自分の肉体を私怨《しえん》（身勝手な怒り）の「炎」で焼いていくことになります。

体内で細胞が怒りの私怨で焼かれますと、私はそれがガン細胞に変化することを他者の中に感得することがあります。自分の怒りの炎が焼くのは他者ではなくて、自分自身だったというオチです。

怒りっぽい人、表に出さなくても怒りのストレスを溜め込む人と、後年のガン発生との相関関係を実際に調査すれば、興味深い統計が出ると私は感じます。それほど、霊的には明らかだと感じます。あくまでも、これは根拠のない私論ですが自信があります。

逆に言えば、ガン予防も可能なのです。

一切の怒りを捨て去り、笑っていることです。笑える映画、漫才、ドラマ、漫画、何でも良いから笑いを日常生活の中に、娯楽の中に、探します。

今すでに病んでいる御方も、遅くはありません。まず笑うことを意識しましょう。大丈夫になっていきます。医師の治療の効果も変わっていくことでしょう。

私は細胞が「病むことができるように」、改善する時も早い、あるいは一瞬だ、という持論です。

(3)真理を求めない無知のままの心は毒だ、と釈尊は断言します。

別に真理を求めなくても楽しく生活ができます。でも、何回生まれ直しても、そのたびに楽しさだけを求めて終わることを百回も永遠に繰り返すことは、それは本当の幸福なのか？　という釈尊の問いかけでもあります。

真理を心に体得すれば、永遠の涅槃《ねはん》（天国。その快楽はコノ世を超越する。心がとろける）が実在することを、法悦《ほうえつ》（恍惚感）の世界があることを、仏典は色々な形で説明しています。


そして、次に大切なことは、自分の命がコノ世から去ることも、心配しないことです。

人は、コノ世だけ、コノ世で終わるだけ、死んだら終わり、という無知がある限り、死を過剰に恐れおののき、生きている今の生活も捨てかねません。死んだら終わり、ならば犯罪もする可能性や他人にイジワルや、イジメもする可能性もあります。


しかし真実は、コノ世で終わりではない、のです。死んで終わりどころか、今回の人生の残り半分、後半は、**アノ世に舞台が移るのです。**

自分がした行為の人生（コノ世）での反射を、アノ世で**生まれ直して**受けます。

そしてアノ世でも、

「なぜ自分だけがこんな状況に置かれるのか？」

とやはり悩んでいます。あれ？　コノ世でも私たちは、「なぜ自分だけが」と思いがちですね。

自分が忘れている前回の人生の反射を受けているのが今に過ぎません。こういうことを何十回も繰り返しているのが、今の私たちの心なのです。

釈尊からの、

「もういい加減に卒業すれば？」

という問いかけが、『スッタニパータ』でもあるわけです。

今日もサイになって、自分の人生を歩きましょう。

サイは小さい目で、前しか見ません。

周囲に何が来ようとも、「関係ないね」と突進するのみ。

悩むことがありません。

笑顔と笑いを忘れずに、前へ前へ歩きましょう。

6　消えて行く中間過程に、心を汚されてはいけません

（独自の訳）

今の社会の人々は、自分の利益のために交友を広げ、
時には他人に尽くすこともしてしまう。
今どき、利害関係のない友人とは少ないものだ。
自分だけの利益を追及する人間の様とは、それは醜《みにく》いものだ。
自分の心が醜くなるぐらいならば、
どんな交わり、集団の中に自分がいましても、自分一人で歩く覚悟を持ちなさい。
まるで一本角《つの》が立つサイのように一人で歩みなさい。

［原始仏典『スッタニパータ』　第一章第三節―七十五番］

（感想）

まさに会社や組織にいますと、自分の評価のために、上司の無理な指示にも尽くそうとするのが会社員の宿命・仕事かも知れません。大学の運動部にしましても、四年生は「神」だと聞きます。もの凄く厳しい地獄のような上下関係です。

でも私は、それを自分の修行とするならば、大いに大切なことだと思います。厳しい運動部に耐えた大学生は、就職活動でも評価され、入社後もやはり幹部にまでなる人が多いです。大手証券会社なども、部長クラス以上には応援団や運動部の出身者が非常に多いです。会社のどんな罵倒やノルマにも耐えてきた人々です。

でも、そういう社員たちの心が汚いか？　と問えば、そんなことはありません。純粋すぎるほどの真面目な人が多いのが実際です。だから顧客から信頼を得るのでしょう。心が汚れた人は、仕事も継続しないものです。

ここで釈尊が問うているのは、心の問題です。会社の人間関係に疲れて、自分の心が汚れ、疲弊《ひへい》（激しく疲れること）するぐらいならば、組織の中でも自分一人で歩く覚悟を持ちなさいと説いています。

だからといって、仕事において常識のない非協力的では、ただの愚か者です。常識的な交流・挨拶をしながら、**「心中はサイになって独り歩きなサイ」**と言われています。

＊自分だけの利益を追及する人間の様とは、それは醜《みにく》いものだ。

これを見て浮かびますことは、普通の会社員が年収が上がるにつれて、変化していく心理のパターンです。年収が数百万の時代は、人は欲しい物だらけです。アレが欲しい、これが食べたい、海外旅行に行きたい、性交もしたい。とにかく飢えている人が多いです。こういう時は、会社員で年収一千万が遠く夢のように絶望的に思っているものです。でも実際に年収一千万になりましても、少し欲しい物が買えるぐらいであり、あまり変わりません。これが、年収五千万を超え出しますと、住まいも仕事環境も変わり、自動車も含めて社会の欲しい物を一通り得ます。でも、心には何か不足感があり、それは仕事をさらにがんばることだと勘違いをした状態です。

この先に、年収が一億を超え出した人は、物欲がどんどん消えて行きます。豪華な食事にも食欲が出ません。そして、**人を育てたい**、社会に何か貢献したい、と思い出す人が多いのです。

すると、貧乏でも子どもを育てる主婦は、本当は年収が一億を超えた人と同じ人生の勝利者であると、**「人を育てる」という「共通の結果」**により言えることを、老子は示唆しています（『柔訳　老子の言葉』第二十八章「人間は純朴さが大切」参照）。

そこに至るまでの人生の経験の過程が違うだけで、結果は同じことだというわけです。中間過程には大した意味はないと老子は指摘します。でも普通の人は、中間過程で苦しみ、心を汚しています。

貧乏で独身の人でも、社会に何か自分ができる小さな貢献をする人は、霊的には年収一億超えの人と同等か、それ以上かも知れません。

人は、消えて行く中間過程を見ては、区別したり、差別したり、あきらめているだけなのです。していることが同じ良いことならば、貧富の差もないわけです。町内会のゴミ掃除では、大社長も無職の人も、同じゴミ拾いをしながら世間話をします。

このあたりの話は、もう半分はアノ世の価値観に近いものです。

死後の真実とも言えます。

誰もが死ぬ時は、自分一人、裸の身体一つだけなのです。金持ちだったことも、何の意味も持ちません。

だから老子の指摘は、やはり完璧に正しいと言えます。

人生の中間過程の姿に誤魔化されてはいけません。

今日も、自分の心だけは醜くしないように、社会の汚い仕事もがんばりましょう。

自分の心を清浄・正常に保てれば、後はすべてがＯＫなのです。

何があっても問題はありません。

おわりに

はたして、釈尊の教えとは宗教なのだろうか？

原始仏典『スッタニパータ』を私なりに解釈して訳しながら、それを考えてきました。

❋これは宗教ではなくて、宗派・組織・師匠から離れて、自分で強く生きるための人生論、生き方の指南書ではないだろうか。

❋釈尊の教えとは、「宗教から離れるための教え」である。

このような思いを日々に感じておりました。

さらには釈尊の教えは、

※宗教という小さな枠組みから離れるためだけではなくて、強制的な転生（生まれ変わり）から離れるための教えであり、方法論である。

このように感じています。

だから「釈尊の教えとは、宗教から最も離れたものである」が、今の私の感想です。

でも、読まれた方の人生経験によって、釈尊の言葉への感想は変わることでしょう。

宗教にあまりなじみのない方の場合は、釈尊の名前を伏せて読んでいただきますと、道徳の教科書のように感じる人や、やはり宗教的だ、と思われる人もおられるかも知れません。教団・集団信仰などを経験した方の場合には、嫌な思いをして集団信仰をやめた人が読まれますと、組織から離れて一人で生きて行くための教え、と思われるかも知れません。

つまり、読む側の、その人の心の次元と心境で、この本への感想が変わることでしょう。

釈尊の教えは、高く深い視点から見れば、宗教ではない。初歩の視点では、宗教。このように分かれると思います。

繰り返し読んでいきますと、その時々で、釈尊の言葉への印象と理解が変わっていくことでしょう。

釈尊御自身は、一つなる元へと回帰されたので、大自然の一部になった御方だと言えます。その御言葉は、読んでいましても癖のない、本当に心地が良いものです。皆様なりの生きる道を、この本から感じ取っていただければ幸いです。

平成三十年　雪景色の中に春の気配を感じながら

伊勢白山道

著者紹介

伊勢白山道（いせ　はくさんどう）
2007年５月「伊勢白山道」ブログを開設、2008年３月から本の出版を始め、その斬新な内容と霊的知識、実践性において世界に衝撃を与え続けている。地方都市で働きながら、毎日かかさず悩める人々にインターネットを介して無償で対応している。自分が生かされていることへの感謝を始めた読者の人生に起きる良い変化が、強い支持につながっている。日々のアクセス数は、現在35万件以上。数多くある精神世界サイトの中で、ブログランキング圧倒的第１位を長年にわたり継続中である。

著書に『内在神への道』（ナチュラルスピリット刊）、『あなたにも「幸せの神様」がついている』『生かしていただいて　ありがとうございます』（主婦と生活社刊）、『内在神と共に』『森羅万象 第1巻～第10巻』『与えれば、与えられる』『自分の心を守りましょう』（経済界刊）、『伊勢白山道問答集 第１巻～第３巻（全３巻）』『宇宙万象 第１巻～第２巻』『自分を大切に育てましょう』『今、仕事で苦しい人へ　仕事の絶望感から、立ち直る方法』（弊社刊）。
谷川太一名義で『柔訳　老子の言葉』『柔訳　老子の言葉写真集　上下巻』（経済界刊）、『柔訳　釈尊の言葉　第１巻～第３巻（全３巻）』（弊社刊）がある。

著者のブログ：https://blog.goo.ne.jp/isehakusandou

柔訳 釈尊の教え 第1巻

原始仏典『スッタニパータ』

著者　伊勢白山道

編集人　渡部 周

発行人　杉原葉子

発行所　株式会社 電波社

〒154-0002

東京都世田谷区下馬6-15-4

TEL　03-3418-4620

FAX　03-3421-7170

http://www.rc-tech.co.jp/

振替　00130-8-76758

印刷・製本　株式会社光邦

ISBN978-4-86490-144-4